Torsten Will

Freude trainieren
lustvoll leben,
gesund erfolgreich sein

Verlag Max Winter

Torsten Will

Freude trainieren

lustvoll leben,
gesund erfolgreich sein

Fotos: Max Winter

Erste Auflage, Februar 2012

Verlag Max Winter

Bibliografische Informationen der Deutschen Bibliothek

Die Deutsche Bibliothek verzeichnet diese Publikation in der Deutschen Nationalbibliografie; detaillierte Daten sind im Internet über http://dnb.ddb.de abrufbar.

© 2012 Max Winter Verlag, 81241 München

Alle Rechte vorbehalten, auch die der fotomechanischen Wiedergabe und der Speicherung in elektronischen Medien. Das Erstellen und Verbreiten von Kopien auf Papier, auf Datenträgern oder im Internet, insbesondere als PDF, ist nur mit ausdrücklicher Genehmigung des Verlags gestattet und wird widrigenfalls strafrechtlich verfolgt.

Herausgeber: Verlag Max Winter

Printed in Germany

ISBN 978-3-9810583-1-4

DANKE

Ich danke meiner Großmutter Erna Ida Koch, geb. Thomas, und
meiner Mutter Felicitas Beate Will, die mir täglich gesagt haben,
dass sie an mich glauben und ich es schaffen werde.
Ihr gebt mir die Kraft, es zu schaffen.
Ich habe Euch lieb!

Inhalt

Vorwort

Einführung

Selbstverpflichtung

Dankbar mit allen Sinnen

2-Euro-Persönlichkeit

Freude schenken

Jede Stunde nach-denken

Das 91-Tage-Programm

Dein Wunder

Ein himmlisches Geschäft

Über den Autor

Vorwort

Willst Du Dein Wunder erleben, musst Du selbst Dein Wunder sein!

Stell Dir vor, Du hättest ein Konto voller Geld und voller Zeit und hättest Dein Wohlbefinden und Deine Freude verloren, wie arm wäre Dein Leben?

Wahre Freude ist das Wunder, das Deine Anziehungskraft für Wohlbefinden, Glück und Erfolg aktiviert. Willst Du Dein Wunder in Deinem Leben begrüßen, darfst Du selbst zunächst Dein Wunder sein.

Diese Entwicklung wirst Du in den nächsten 91 Tagen durchlaufen. Und Du wirst erleben, wie sich Dein Leben verändert und somit die Welt um Dich herum.

Wichtig ist, dass Du Deinen Freude-Muskel wirklich täglich trainierst; einen Tag ausgesetzt und Du kannst wieder von vorne beginnen. Daher beende Deinen Tag immer mit Deinen Eintragungen und gehe erst zu Bett, wenn Du Dein Trainingsprogramm vollständig absolviert hast. Sei es Dir wert.

Entwickle den Wunsch zur täglich smarten Disziplin und überlasse Dein Leben statt der Laune des Zufalls der glücklichen Hand der Planung. Es sind nur wenige Schritte und Tage, die Dich von Wohlbefinden, Glück und Erfolg trennen. Jeder kann es, viele wollen es!

Du machst es – jetzt,
und Du bist das Wunder!

Einführung

Über den Gartenzaun! Jeder gibt, was er hat!

Wie würdest Du reagieren, wenn Dein Nachbar Dir wiederholt sein Laub und Unkraut über den Gartenzaun würfe?

Wahrscheinlich würdest Du Dich ärgern, den Nachbarn empört zur Rede stellen und verständlicherweise die nachbarschaftliche Freundschaft beenden, vielleicht sogar einen Anwalt einschalten.

Ganz anders der, der Freude trainiert: Der kauft eine Schachtel Pralinen, steckt eine Karte mit den Worten „Jeder gibt, was er hat!" dazu und wirft diese mit einem Lächeln über den Zaun. Eine Lösung, ganz ohne Aufregung, Streit und Rechtsanwälte.

Aber Hand aufs Herz: Wärst Du auf diese Idee gekommen? Hättest Du die Nerven? In vielen Situationen unseres Lebens lohnt es sich, entspannt und etwas verrückt zu reagieren. Einen anderen Standpunkt einzunehmen bedeutet, eine andere Perspektive zu haben und so die Welt anders zu erleben und neue Ergebnisse erwarten zu dürfen. Wenn Du willst, dass sich in Deinem Leben etwas verändert, dann musst Du Dich zuerst verändern.

Dieses Buch soll Dich nicht über viele Seiten mit dem Drang nach immer neuen Weisheiten verführen oder Dich in den Konsum von weiteren Erfolgslehren verfallen lassen, sondern einfach die Kerngedanken von fünf einfachen, täglichen Disziplinen vermitteln, die Dein Wunder aktivieren.

Während viele Menschen im Wartesaal der Hoffnung sitzen und auf bessere Zeiten hoffen, hast Du mit diesem Buch das Aktivcockpit Deines Lebens gewählt.

Statt sich zurückzulehnen und zu lesen, fordere ich Dich auf, aktiv zu werden und zu handeln. Erfolg ist nichts Anderes, als wiederholt das Richtige zu tun. Die fünf Disziplinen haben sich für mich als das Richtige erwiesen; Dich will ich gerne daran teilhaben lassen, um Dir so Dein Wunder zu ermöglichen.

Selbstverpflichtung

Die tägliche Selbstverpflichtung zum T-U-N.

Wenn man zehn Liegestütze macht, bei welcher baut sich der Muskel am meisten auf? Bei der Elften. Immer mehr tun und vor allem täglich.

Das kleine Wörtchen TUN lässt sich bekanntermaßen auf drei Weisen Buchstabe für Buchstabe übersetzen. Von vorne: **T**ag **u**nd **N**acht. Von hinten: **n**icht **u**nnötig **t**rödeln. Und wieder von vorne: **T**rägheit **u**nermüdlich **n**eutralisieren.

Der Mensch neigt zur Couchkartoffel, die Schwerkraft hat uns in ihren Fängen, wenn wir unsere träge Masse nicht hin zu unseren Zielen bewegen.

Viele sind aber so in ihren Gedanken gefangen, dass sie in dem Bestreben leben, von etwas wegzukommen. Gerade deshalb bleiben sie an alten Gewohnheiten und Mustern hängen. Wenn wir uns immer mit dem beschäftigen, was wir nicht wollen, bleibt es kaum aus, dass wir davon immer mehr bekommen werden.

Das Wörtchen „nicht" ist außerdem nun mal ein Killer jedes noch so gut gemeinten Vorsatzes. „**Nicht**" und „Kein" werden halt nicht von unserem Unterbewusstsein verstanden. Bestimmt kennst Du das Beispiel: Denke bitte nicht an einen rosa Elefanten. Und? Ja, schon ist er da!

So bleibt nach dem Streichen dieses Wortes eher mehr von dem „Schlechten" übrig, da wir es uns zunächst eben automatisch vorstellen. Ich will nicht MEHR rauchen. Ich will nicht MEHR Fett essen. Ich will nicht MEHR streiten. Ich will nicht MEHR so frustriert sein und nicht MEHR verletzt werden. Du kannst das beliebig fortsetzen, wenn Du auf Frustration und Schmerz stehst.

Besser Du formulierst das, was Du wirklich willst, und fokussiert Dich auf das, wohin die Reise gehen soll, was Dein wahres Ziel ist. Achte dabei auf die drei Gütekriterien wohlgeformter Zielformulierungen: 1. immer positiv, 2. ohne Vergleiche und 3. in der Gegenwart. „Ich bin erfolgreich", statt „Ich werde bald auch so erfolgreich" oder „so erfolgreich wie XY sein". Nur „Ich bin erfolgreich" versteht unser menschliches Betriebssystem.

Selbstverpflichtung

Ganz wichtig: Frage Dich aber auch zu jedem Deiner Ziele: Was ist die Absicht dahinter? Was bezweckst Du eigentlich damit, dieses Ziel zu erreichen? Was stellt es in Deinem Leben sicher? Dabei sollten die Antworten nicht lauten: „Meinen Nachbarn wird es ärgern, wenn ich das größere Auto fahre!" Oder „Meine Freunde werden vor Neid platzen!". Entscheidend ist, dass Du etwas spürst! Dass es sich wirklich um Deine Ziele und Wünsche handelt, die für Dich einen großen Wert im Leben haben. Solche Werte können sein: Freiheit, Sicherheit, Gesundheit, Liebe und viele mehr.

Diese Werte sollten immer etwas mit Dir und den Menschen zu tun haben, die für Dich wirklich wichtig sind. Denn eines ist klar: Wenn wir Neid als Wert säen, werden wir selbst mehr Neid und Missgunst ernten. Das ist das Gesetz von Aussaat und Ernte.

Oder anders formuliert: Wir ziehen immer die Menschen und Umstände in unserem Leben an, die in Harmonie mit unseren dominierenden Gedanken und Gefühlen stehen. Und unsere Gedanken und Gefühle werden somit automatisch Realität.

Daher lasse bitte auch nur Deine wahren Ziele und Wünsche in Deinen Kopf. Du würdest doch auch niemanden auf Deine Couch lassen, der Dir Hab und Gut klaut, oder? Vielleicht nicht auf Deine Couch, aber wie sieht es mit Deinen Schultern und Deinem Rücken aus?

Vom Skorpion und dem Frosch

Ein Skorpion sitzt am Flussufer und träumt davon, einmal ans andere Ufer zu kommen. Doch leider können Skorpione nicht schwimmen. Plötzlich kommt ein kleiner Frosch mit gleichem Ziel vorbei. Der Skorpion grüßt den Frosch freundlich und fragt, ob er, der Frosch, ihn, den Skorpion, vielleicht auf seinen Schultern mit auf die andere Seite nehmen könnte. Der Frosch erklärt, dass er weiß, dass Skorpione Frösche töten, indem sie sie stechen. Der Skorpion erklärt, dass das stimmt, aber es ja unsinnig sei, wenn er den Frosch während der Reise töten würde, denn das wäre ja auch das Todesurteil für den Skorpion, der ja bekanntlich nicht schwimmen kann. Der Frosch überlegt und stimmt zu.

Selbstverpflichtung

So springt der Skorpion auf den Rücken des Frosches, und der Frosch schwimmt los. Beide unterhalten sich angeregt, und es sieht tatsächlich so aus, als würden Skorpion und Frosch Freunde werden.

In der Mitte des Flusses passiert es jedoch. Der Skorpion sticht den Frosch und tötet ihn. Mit letzter Kraft fragt der Frosch den Skorpion: „Dass ich jetzt gleich sterbe, ist mir klar, aber warum hast Du das getan? Du wirst selber auch gleich zu Boden sinken und sterben." Der Skorpion antwortet darauf: „Du hast Recht, Frosch. Auch ich werde jetzt gleich sterben. Aber weißt Du, manche Dinge ändern sich einfach nie. Skorpione töten Frösche, indem sie sie stechen."

Wem oder was erlaubst Du, sich auf Deine Schultern zu setzen, obwohl Du weißt, dass es Deine Lebensfreude tötet? Manche Dinge ändern sich nie, daher: Entscheide Dich zur Veränderung! Jetzt und schriftlich.

Hiermit entscheide ich, _____[*1], mich, die nächsten 91 Tage, vom

_____ bis zum _____[*2], jeden Tag meinen Freude-Muskel

sorgfältig und diszipliniert zu trainieren. Mein Ziel ist:

_____

Ich bin es mir wert und zu 100 % überzeugt davon, dass ich es verdiene, lustvoll zu leben

und gesund erfolgreich zu sein.

Datum   Unterschrift

*1 Deinen Namen eintragen
*2 Daten eintragen

Dankbar mit allen Sinnen

Dankbarkeit ist der Schlüssel.

Vor vielen Jahren habe ich einem Gottesdienst den Satz gehört: „Dankbarkeit ist der Schlüssel zum Herzen des Wohltäters."

In der Tat: Ohne Dankbarkeit ist alles nichts. Überlege einmal, wie Du Dich fühlen würdest, wenn Du jemandem einen Herzenswunsch erfüllst und der sich nicht bedankte, keine Freude für Dein Tun zeigt.

Was uns bei Anderen verletzt, sollten wir uns selbst nicht antun. Daher sei dankbar für das, was Du hast, wer Du bist, für einfach jeden Augenblick, den Dir Dein Leben schenkt. Du hast ein Herz, dass in jeder Sekunde Deines Lebens, jeden Tag, jede Woche, jeden Monat, jedes Jahr, jedes Jahrzehnt, fast ein Jahrhundert, unentwegt schlägt.

Glaubst Du, dass sich Dein Herz wohl fühlt, wenn es in dem Körper eines Menschen schlägt, der undankbar ist und sich entsprechend gleichgültig bewegt und wirkt?

Dein Herz soll vor Freude springen und höher schlagen. Dieses Training darfst Du ihm täglich gönnen, es freut sich darüber. Gib Deinem Herzen etwas davon zurück, was es für Dich tut. Beweise Deinen Dank, indem Du es erfreust. Spüre Dein Herz, wie es schlägt, schneller schlägt, sich mit Dir freut, über alles, was Dir so passiert. Lebe den dankbaren Menschen, auch wenn es scheinbar einmal nichts gibt, für das Du danken könntest. Nichts auf dieser Welt hat eine Bedeutung, außer der, die wir ihm geben. Also überlege gut, wie Du reagieren willst und was Dich und Dein Herz weiterbringt.

Deine Aufgabe in den nächsten 91 Tagen ist, jeden Tag fünf Sinneswahrnehmungen zu notieren, für die Du dankbar bist. Was gab es zu sehen? Was zu hören? Was hast Du gefühlt? Für welchen Geruch und welches Geschmackserlebnis bist Du dankbar? Erinnere Dich mit allen Sinnen! Kleinigkeiten, besondere Erlebnisse, Selbstverständliches. Jeden Tag!

2-Euro-Persönlichkeit

Werde eine 2-Euro-Persönlichkeit!

Bestimmt hast Du auch schon einmal einem Straßenmusikanten etwas Kleingeld in den Hut geworfen, bei einer öffentlichen Toilette der Reinigungskraft etwas auf den Teller gelegt und vielleicht auch sonst an der einen oder anderen Stelle die eine oder andere Münze hinterlassen.

Gut so, aber nicht genug. Die meisten von uns geben mit dem Gefühl des Mangels. Im Hinterkopf der Gedanke: „Das muss reichen!". Stelle Dir einmal vor, Dein Herz täte nur Dienst nach Pflicht und gewerkschaftlichen Arbeitszeiten, so gerade das Minimalprogramm, nur keinen Schlag zuviel. Wie sehr würde Dich das einschränken? Oder was würde passieren, wenn Dein Herz immer nur nach Deinem derzeitigen subjektiven Empfinden Leistung brächte? Die meisten von uns wären schon tot umgefallen.

Zeige Dich Deinem stärksten Muskel gegenüber erkenntlich und werde eine 2-Euro-Persönlichkeit. Geben startet den Prozess des Empfangens. Nur wenn wir von Herzen gerne geben, und zwar mehr, als wir im ersten Impuls geneigt und gewohnt sind zu geben, können wir mehr vom Leben erwarten.

Wenn Du also das nächste Mal in Deine Geldbörse greifst und im ersten Impuls 20 Cent geben willst, gib 40 Cent. Wenn Du 50 Cent geben willst, gib 1 Euro. Auch wenn Du nur wenig hast und vielleicht nur 1 Cent geben willst, entscheide Dich für 2 Cent.

Gib einfach das Doppelte und erlebe, wie Du den Prozess des Erhaltens in Gang setzt. Wichtig dabei ist, dies auch wirklich 91 Tage durchzuhalten und jeden Tag zu dokumentieren.

Daher lautet Deine Aufgabe, jeden Tag zu notieren, wem Du wann das Doppelte gegeben hast und welchen Menschen es aus Dir gemacht hat! Es geht nie darum, was Du bekommst, sondern immer nur darum, was Positives aus Deiner Persönlichkeit wird.

Freude schenken

Verschenke täglich Freude!

Eine alte Weisheit: Freude, die man schenkt, kehrt ins eigene Herz zurück. In der Hetze des Alltags sind wir zwar immer gerne in Erwartung und offen für eine Freude, die man uns macht, leider aber weniger aufmerksam und kreativ, wenn es darum geht, Freude zu schenken.

Dabei müssen es gar nicht die großen Dinge sein. Einen viel größeren Unterschied machen die kleinen Überraschungen. Ein Lächeln, eine Umarmung, ein Kompliment zu schenken, Anerkennung auszusprechen, sich zu bedanken, einen Brief zu schreiben oder einfach nur eine kurze liebe SMS.

Egal, wofür Du Dich entscheidest, mache es mit ganzem Herzen. Schon beim „Tun" solltest Du spüren, dass es auch Dir etwas gibt, Freude zu geben. Verbreite Freude wie ein Virus und stecke andere Menschen an. Beim Tanken kaufst Du ein Schokoei oder eine Rose und beschenkst den Nächsten an der Kasse, hilf Menschen bei ihren täglichen Aufgaben, investiere in Andere Zeit und Aufmerksamkeit. Sei spontan und bringe Dich in den kreativen Zustand des Freuden-Schenkers, mindestens einmal am Tag. Und notiere unbedingt, was Du wem Gutes getan hast und wie Du Dich dabei gefühlt hast.

Nicht nur, dass Du auch hiermit den Prozess des Empfangens startest, Du aktivierst auch damit Deine Aufmerksamkeit für Andere, Deine Kreativität und Motivation, Dein Bestes zu geben. In Menschen zu investieren ist die beste Investition, die wir tätigen können.

Wichtig aber auch: Schenke nicht, weil Du genau von der Person erwartest, etwas zurückzubekommen. Schenke ohne Erwartungshaltung. Gib ohne Berechnung. Wir können uns darauf verlassen, dass Freude und Anerkennung auch bei uns Einzug halten, wenn wir ohne Erwartungen und Bedingungen bereit sind, ehrlich und aufrichtig zu schenken.

Jede Stunde nach-denken

Lass es klingeln und denke jede Stunde nach!

Der Klassiker der Erfolgsliteratur von Napoleon Hill trägt den Titel „Denke nach und werde reich!" Ich füge hinzu: „Lass es klingeln, denke nach, trainiere Freude, lebe lustvoll und werde gesund erfolgreich."

Programmiere Dein Handy oder eine Uhr darauf, dass Du zu jeder vollen Stunde durch ein Signal aus Deinem Alltag gerissen wirst. Immer dann, wenn Dein Signal ertönt, stelle Dir zukünftig bitte zwei Fragen: „Worüber konnte ich mich in der letzten Stunde freuen, und worüber will ich mich in der nächsten Stunde von Herzen freuen?"

Der Mensch ist ein Gewohnheitstier und hat sich angepasst. Wir hetzen von Termin zu Termin, über-leben von Tag zu Tag, Woche zu Woche, Monat zu Monat und beschweren uns, dass das Jahr wieder viel zu schnell vergangen ist. Zeit rennt, verfliegt. Kaum hat ein Jahr begonnen, ist schon wieder Weihnachten. So verfliegt schnell (D)ein ganzes Leben.

Das Problem dabei ist, dass wir mit unserer Zeit einfach sehr nachlässig umgehen und uns durch immer größere Informationsflut immer weniger Gelegenheit bleibt, bewusst zu leben. Ich treffe manchmal Menschen, die mir berichten, dass sie sich gar nicht wirklich an etwas aus dem letzten Jahr erinnern können.

Kannst Du spontan zu jedem Monat des letzten Jahres Dein wirkliches Highlight der Freude nennen? Etwas, dass Dich bewegt und berührt hat? Ich erahne Deine Antwort.

Daher ist diese Aufgabe der Schlüssel: Trainiere Deinen Freude-Muskel dadurch, dass Du ihm Aufmerksamkeit und Raum gibst. Notiere auf den folgenden Tagebuchseiten die 16 guten Tagesthemen der Freude, als Antwort auf die Frage: „Worüber konnte ich mich in der letzten Stunde freuen und worüber will ich mich in der nächsten Stunde von Herzen freuen?"

Jede Stunde nach-denken

Denn Dein Tag soll mit 16 guten Nachrichten beginnen, dann wird es Dir jede Stunde leichter fallen, Dich zu freuen.

Bestimmt denkst Du jetzt: „Da hast Du Dich aber verschrieben! Es muss doch ‚enden' heißen!" Nein, ganz und gar nicht, denn die letzten Minuten des Tages, bevor Du einschläfst, sind verantwortlich für das Wohlbefinden, Glück und den Erfolg des nächsten Tages.

Mit einer guten Nacht beginnt Dein Tag, gleich nach dem Zubettgehen!

Verwirrend, das gebe ich zu, aber gerne bringe ich Licht ins Dunkel des nächtlichen Schlafes. Viele Menschen gehen schlafen und glauben, dass dies das Ende des Tages sei. Völliger Blödsinn. Dein Schlaf ist der Start in den neuen Tag. Warum? Nun, egal wie Dein Tag war, ob schlecht oder in Zukunft äußerst exzellent, er, der Tag, ist vorbei, Geschichte, Vergangenheit. Du hast den Preis für den vergangenen Tag bereits bezahlt. Nun gilt es, den neuen Tag vorzubereiten und auf sichere, von Freude erfüllte Beine zu stellen.

Die nächtlichen Stunden machen keinen Unterschied mehr für die Stunden des Tages, die hinter uns liegen, sondern sind das Fundament für den vor uns liegenden Tag, den wir mit dem Schlaf aktiv vorbereiten können.

Es gibt Menschen, die sich noch im Bett „Trash-TV", zu Deutsch „Müllfernsehen", reinziehen und sich wundern, dass sie am nächsten Tag auch nur Müll erleben. Und selbst mit Hitchcocks „Die Vögel", einem Klassiker, musst Du Dich nicht wundern, wenn Dir am nächsten Tag nur seltsame Vögel begegnen. Daher sind die letzten Augenblicke eines Tages auch so entscheidend für die Zukunft. In der letzten Stunde vor dem Zubettgehen entscheidest Du über Niederlage oder Sieg des nächsten Tages.

So wie Du schlafen wirst, so wirst Du den neuen Tag beginnen. Dieses Fundament entscheidet über das, was Du am nächsten Tag erlebst und dabei fühlst. Denn Du weißt ja: Nichts hat eine Bedeutung, außer der, die wir geben.

Dein 91-Tage-Programm

Starte Dein Training jetzt!

Nun kennst Du die fünf Disziplinen, die Dich zu einem lustvollen Leben voller Wohlbefinden, Glück und Erfolg führen. Hier noch einmal auf einen Blick:

- Erlebe täglich Dankbarkeit mit allen Sinnen und schärfe Deine Wahrnehmung.
- Werde eine 2-Euro-Persönlichkeit und starte so den Prozess des Empfangens.
- Schenke Freude und investiere in Menschen.
- Denke jede volle Stunde nach, worüber Du Dich freuen konntest und worüber Du Dich freuen wirst.
- Verpflichte Dich, täglich neu an Deinem Plan festzuhalten, und fokussiere Dein Ziel.

Die folgenden 91 Tagebuchseiten unterstützen Dich dabei. Bereit? Dann los!

Warum?
Warum nicht?
Warum nicht Du?
Warum nicht jetzt?

(Jim Rohn)

Tag: _15.3.2013, Tag 1_

Ich bin heute dankbar für:
- *Was hast Du gesehen, wofür Du dankbar bist? Notiere es hier!*
- *Was hast Du gehört, wofür Du dankbar bist? Notiere es hier!*
- *Was hast Du gefühlt, wofür Du dankbar bist? Notiere es hier!*
- *Was hast Du gerochen, wofür Du dankbar bist? Notiere es hier!*
- *Was hast Du geschmeckt, wofür Du dankbar bist? Notiere es hier!*

Ich bin eine 2-Euro-Persönlichkeit und habe heute hier das Doppelte gegeben: _Notiere die Situation, in der Du das Doppelte gegeben hast!_. Dabei habe ich erlebt:
- *Notiere hier, was Du dabei gesehen hast!*
- *Notiere hier, was Du dabei gehört hast!*
- *Notiere hier, was Du dabei gefühlt hast!*
- *Notiere hier, was Du dabei gerochen hast!*
- *Notiere hier, was Du dabei geschmeckt hast!*

Ich schenke Freude und habe heute _Notiere hier, wem Du eine Freude bereitet hast!_ eine Freude bereitet. Dabei habe ich erlebt:
- *Notiere hier, was Du dabei gesehen hast!*
- *Notiere hier, was Du dabei gehört hast!*
- *Notiere hier, was Du dabei gefühlt hast!*
- *Notiere hier, was Du dabei gerochen hast!*
- *Notiere hier, was Du dabei geschmeckt hast!*

Ich denke nach und habe mir heute mindestens 8 Mal zur vollen Stunde die Frage beantwortet: „Worüber habe ich mich in der letzten Stunde gefreut, worauf will ich mich in der nächsten Stunde freuen?"

Markiere die Uhrzeiten, zu denen Du Dich gefragt hast!

Notiere hier zu jeder Stunde, worüber Du Dich gefreut hast!

Notiere hier zu jeder Stunde, worauf Du Dich freuen willst!

Ich freue mich darauf, auch morgen wieder meinen Freude-Muskel zu trainieren! Ich bin es mir wert, denn ich ziehe so _Notiere hier Dein Ziel!_ an.

Datum, Unterschrift: _15.3.2013_ _Deine Unterschrift_

FREUDE TRAINIEREN-BEISTEHEN

Tag: _____

Ich bin heute dankbar für:

Ich bin eine 2-Euro-Persönlichkeit und habe heute hier das Doppelte gegeben: _____
_____. Dabei habe ich erlebt:

Ich schenke Freude und habe heute _____ eine Freude bereitet. Dabei habe ich erlebt:

Ich denke nach und habe mir heute mindestens 8 Mal zur vollen Stunde die Frage beantwortet: „Worüber habe ich mich in der letzten Stunde gefreut, worauf will ich mich in der nächsten Stunde freuen?"

_____
_____

Ich freue mich darauf, auch morgen wieder meinen Freude-Muskel zu trainieren! Ich bin es mir wert, denn ich ziehe so _____ an.

Datum, Unterschrift: _____

FREUDE TRAINIEREN - AUFWACHEN

Tag: _____

Ich bin heute dankbar für:

Ich bin eine 2-Euro-Persönlichkeit und habe heute hier das Doppelte gegeben: _____
_____. Dabei habe ich erlebt:

Ich schenke Freude und habe heute _____ eine Freude bereitet.
Dabei habe ich erlebt:

Ich denke nach und habe mir heute mindestens 8 Mal zur vollen Stunde die Frage beantwortet: „Worüber habe ich mich in der letzten Stunde gefreut, worauf will ich mich in der nächsten Stunde freuen?"

_____
_____

Ich freue mich darauf, auch morgen wieder meinen Freude-Muskel zu trainieren! Ich bin es mir wert, denn ich ziehe so _____ an.

Datum, Unterschrift: _____

FREUDE TRAINIEREN - GESICHT ZEIGEN

Tag: _____

Ich bin heute dankbar für:

Ich bin eine 2-Euro-Persönlichkeit und habe heute hier das Doppelte gegeben: _____
_____. Dabei habe ich erlebt:

Ich schenke Freude und habe heute _____ eine Freude bereitet. Dabei habe ich erlebt:

Ich denke nach und habe mir heute mindestens 8 Mal zur vollen Stunde die Frage beantwortet: „Worüber habe ich mich in der letzten Stunde gefreut, worauf will ich mich in der nächsten Stunde freuen?"

_____
_____

Ich freue mich darauf, auch morgen wieder meinen Freude-Muskel zu trainieren! Ich bin es mir wert, denn ich ziehe so _____ an.

Datum, Unterschrift: _____

FREUDE TRAINIEREN - ABSCHMINKEN

Tag: _____

Ich bin heute dankbar für:

Ich bin eine 2-Euro-Persönlichkeit und habe heute hier das Doppelte gegeben: _____
_____. Dabei habe ich erlebt:

Ich schenke Freude und habe heute _____ eine Freude bereitet. Dabei habe ich erlebt:

Ich denke nach und habe mir heute mindestens 8 Mal zur vollen Stunde die Frage beantwortet: „Worüber habe ich mich in der letzten Stunde gefreut, worauf will ich mich in der nächsten Stunde freuen?"

_____
_____

Ich freue mich darauf, auch morgen wieder meinen Freude-Muskel zu trainieren! Ich bin es mir wert, denn ich ziehe so _____ an.

Datum, Unterschrift: _____

FREUDE TRAINIEREN - DANKBAR GEDENKEN

Tag: _____

Ich bin heute dankbar für:

Ich bin eine 2-Euro-Persönlichkeit und habe heute hier das Doppelte gegeben: _____
_____. Dabei habe ich erlebt:

Ich schenke Freude und habe heute _____ eine Freude bereitet.
Dabei habe ich erlebt:

Ich denke nach und habe mir heute mindestens 8 Mal zur vollen Stunde die Frage beantwortet: „Worüber habe ich mich in der letzten Stunde gefreut, worauf will ich mich in der nächsten Stunde freuen?"

_____
_____

Ich freue mich darauf, auch morgen wieder meinen Freude-Muskel zu trainieren! Ich bin es mir wert, denn ich ziehe so _____ an.

Datum, Unterschrift: _____

FREUDE TRAINIEREN - STYLEN

Tag: _____

Ich bin heute dankbar für:

Ich bin eine 2-Euro-Persönlichkeit und habe heute hier das Doppelte gegeben: _____
_____. Dabei habe ich erlebt:

Ich schenke Freude und habe heute _____ eine Freude bereitet. Dabei habe ich erlebt:

Ich denke nach und habe mir heute mindestens 8 Mal zur vollen Stunde die Frage beantwortet: „Worüber habe ich mich in der letzten Stunde gefreut, worauf will ich mich in der nächsten Stunde freuen?"

_____
_____

Ich freue mich darauf, auch morgen wieder meinen Freude-Muskel zu trainieren! Ich bin es mir wert, denn ich ziehe so _____ an.

Datum, Unterschrift: _____

FREUDE TRAINIEREN - KLARHEIT SCHAFFEN

Tag: _____

Ich bin heute dankbar für:

Ich bin eine 2-Euro-Persönlichkeit und habe heute hier das Doppelte gegeben: _____
_____. Dabei habe ich erlebt:

Ich schenke Freude und habe heute _____ eine Freude bereitet.
Dabei habe ich erlebt:

Ich denke nach und habe mir heute mindestens 8 Mal zur vollen Stunde die Frage beantwortet: „Worüber habe ich mich in der letzten Stunde gefreut, worauf will ich mich in der nächsten Stunde freuen?"

_____
_____

Ich freue mich darauf, auch morgen wieder meinen Freude-Muskel zu trainieren! Ich bin es mir wert, denn ich ziehe so _____ an.

Datum, Unterschrift: _____

FREUDE TRAINIEREN - PLANEN

Tag: _____

Ich bin heute dankbar für:

Ich bin eine 2-Euro-Persönlichkeit und habe heute hier das Doppelte gegeben: _____
_____. Dabei habe ich erlebt:

Ich schenke Freude und habe heute _____ eine Freude bereitet.
Dabei habe ich erlebt:

Ich denke nach und habe mir heute mindestens 8 Mal zur vollen Stunde die Frage beantwortet: „Worüber habe ich mich in der letzten Stunde gefreut, worauf will ich mich in der nächsten Stunde freuen?"

_____
_____

Ich freue mich darauf, auch morgen wieder meinen Freude-Muskel zu trainieren! Ich bin es mir wert, denn ich ziehe so _____ an.

Datum, Unterschrift: _____

FREUDE TRAINIEREN - AUF DEN KOPF STELLEN

Tag: _____

Ich bin heute dankbar für:

Ich bin eine 2-Euro-Persönlichkeit und habe heute hier das Doppelte gegeben: _____
_____. Dabei habe ich erlebt:

Ich schenke Freude und habe heute _____ eine Freude bereitet.
Dabei habe ich erlebt:

Ich denke nach und habe mir heute mindestens 8 Mal zur vollen Stunde die Frage beantwortet: „Worüber habe ich mich in der letzten Stunde gefreut, worauf will ich mich in der nächsten Stunde freuen?"

_____
_____

Ich freue mich darauf, auch morgen wieder meinen Freude-Muskel zu trainieren! Ich bin es mir wert, denn ich ziehe so _____ an.

Datum, Unterschrift: _____

FREUDE TRAINIEREN - AUF DEIN HERZ HÖREN

Tag: _____

Ich bin heute dankbar für:

Ich bin eine 2-Euro-Persönlichkeit und habe heute hier das Doppelte gegeben: _____
_____. Dabei habe ich erlebt:

Ich schenke Freude und habe heute _____ eine Freude bereitet. Dabei habe ich erlebt:

Ich denke nach und habe mir heute mindestens 8 Mal zur vollen Stunde die Frage beantwortet: „Worüber habe ich mich in der letzten Stunde gefreut, worauf will ich mich in der nächsten Stunde freuen?"

_____
_____

Ich freue mich darauf, auch morgen wieder meinen Freude-Muskel zu trainieren! Ich bin es mir wert, denn ich ziehe so _____ an.

Datum, Unterschrift: _____

Tag: _____

Ich bin heute dankbar für:

Ich bin eine 2-Euro-Persönlichkeit und habe heute hier das Doppelte gegeben: _____
_____. Dabei habe ich erlebt:

Ich schenke Freude und habe heute _____ eine Freude bereitet.
Dabei habe ich erlebt:

Ich denke nach und habe mir heute mindestens 8 Mal zur vollen Stunde die Frage beantwortet: „Worüber habe ich mich in der letzten Stunde gefreut, worauf will ich mich in der nächsten Stunde freuen?"

_____
_____

Ich freue mich darauf, auch morgen wieder meinen Freude-Muskel zu trainieren! Ich bin es mir wert, denn ich ziehe so _____ an.

Datum, Unterschrift: _____

FREUDE TRAINIEREN - AUSRUHEN

Tag: _____

Ich bin heute dankbar für:

Ich bin eine 2-Euro-Persönlichkeit und habe heute hier das Doppelte gegeben: _____
_____. Dabei habe ich erlebt:

Ich schenke Freude und habe heute _____ eine Freude bereitet. Dabei habe ich erlebt:

Ich denke nach und habe mir heute mindestens 8 Mal zur vollen Stunde die Frage beantwortet: „Worüber habe ich mich in der letzten Stunde gefreut, worauf will ich mich in der nächsten Stunde freuen?"

_____
_____

Ich freue mich darauf, auch morgen wieder meinen Freude-Muskel zu trainieren! Ich bin es mir wert, denn ich ziehe so _____ an.

Datum, Unterschrift: _____

FREUDE TRAINIEREN - EIN KOMISCHES GESICHT MACHEN

Tag: _____

Ich bin heute dankbar für:

Ich bin eine 2-Euro-Persönlichkeit und habe heute hier das Doppelte gegeben: _____
_____. Dabei habe ich erlebt:

Ich schenke Freude und habe heute _____ eine Freude bereitet.
Dabei habe ich erlebt:

Ich denke nach und habe mir heute mindestens 8 Mal zur vollen Stunde die Frage beantwortet: „Worüber habe ich mich in der letzten Stunde gefreut, worauf will ich mich in der nächsten Stunde freuen?"

_____
_____

Ich freue mich darauf, auch morgen wieder meinen Freude-Muskel zu trainieren! Ich bin es mir wert, denn ich ziehe so _____ an.

Datum, Unterschrift: _____

FREUDE TRAINIEREN - DIE GUTEN NACHRICHTEN LESEN

Tag: _____

Ich bin heute dankbar für:

Ich bin eine 2-Euro-Persönlichkeit und habe heute hier das Doppelte gegeben: _____
_____. Dabei habe ich erlebt:

Ich schenke Freude und habe heute _____ eine Freude bereitet.
Dabei habe ich erlebt:

Ich denke nach und habe mir heute mindestens 8 Mal zur vollen Stunde die Frage beantwortet: „Worüber habe ich mich in der letzten Stunde gefreut, worauf will ich mich in der nächsten Stunde freuen?"

_____
_____

Ich freue mich darauf, auch morgen wieder meinen Freude-Muskel zu trainieren! Ich bin es mir wert, denn ich ziehe so _____ an.

Datum, Unterschrift: _____

FREUDE TRAINIEREN - GRENZEN VERSETZEN

Tag: _____

Ich bin heute dankbar für:

Ich bin eine 2-Euro-Persönlichkeit und habe heute hier das Doppelte gegeben: _____
_____. Dabei habe ich erlebt:

Ich schenke Freude und habe heute _____ eine Freude bereitet.
Dabei habe ich erlebt:

Ich denke nach und habe mir heute mindestens 8 Mal zur vollen Stunde die Frage beantwortet: „Worüber habe ich mich in der letzten Stunde gefreut, worauf will ich mich in der nächsten Stunde freuen?"

_____
_____

Ich freue mich darauf, auch morgen wieder meinen Freude-Muskel zu trainieren! Ich bin es mir wert, denn ich ziehe so _____ an.

Datum, Unterschrift: _____

FREUDE TRAINIEREN - AUFSTEIGEN

Tag: _____

Ich bin heute dankbar für:

Ich bin eine 2-Euro-Persönlichkeit und habe heute hier das Doppelte gegeben: _____
_____. Dabei habe ich erlebt:

Ich schenke Freude und habe heute _____ eine Freude bereitet. Dabei habe ich erlebt:

Ich denke nach und habe mir heute mindestens 8 Mal zur vollen Stunde die Frage beantwortet: „Worüber habe ich mich in der letzten Stunde gefreut, worauf will ich mich in der nächsten Stunde freuen?"

_____
_____

Ich freue mich darauf, auch morgen wieder meinen Freude-Muskel zu trainieren! Ich bin es mir wert, denn ich ziehe so _____ an.

Datum, Unterschrift: _____

FREUDE TRAINIEREN - AUF DEN ARM NEHMEN

Tag: _____

Ich bin heute dankbar für:

Ich bin eine 2-Euro-Persönlichkeit und habe heute hier das Doppelte gegeben: _____
_____. Dabei habe ich erlebt:

Ich schenke Freude und habe heute _____ eine Freude bereitet.
Dabei habe ich erlebt:

Ich denke nach und habe mir heute mindestens 8 Mal zur vollen Stunde die Frage beantwortet: „Worüber habe ich mich in der letzten Stunde gefreut, worauf will ich mich in der nächsten Stunde freuen?"

_____
_____

Ich freue mich darauf, auch morgen wieder meinen Freude-Muskel zu trainieren! Ich bin es mir wert, denn ich ziehe so _____ an.

Datum, Unterschrift: _____

FREUDE TRAINIEREN - BALLON STEIGEN LASSEN

Tag: _____

Ich bin heute dankbar für:

Ich bin eine 2-Euro-Persönlichkeit und habe heute hier das Doppelte gegeben: _____
_____. Dabei habe ich erlebt:

Ich schenke Freude und habe heute _____ eine Freude bereitet. Dabei habe ich erlebt:

Ich denke nach und habe mir heute mindestens 8 Mal zur vollen Stunde die Frage beantwortet: „Worüber habe ich mich in der letzten Stunde gefreut, worauf will ich mich in der nächsten Stunde freuen?"

_____
_____

Ich freue mich darauf, auch morgen wieder meinen Freude-Muskel zu trainieren! Ich bin es mir wert, denn ich ziehe so _____ an.

Datum, Unterschrift: _____

FREUDE TRAINIEREN - EINEN BAUM UMARMEN

Tag: _____

Ich bin heute dankbar für:

Ich bin eine 2-Euro-Persönlichkeit und habe heute hier das Doppelte gegeben: _____
_____. Dabei habe ich erlebt:

Ich schenke Freude und habe heute _____ eine Freude bereitet. Dabei habe ich erlebt:

Ich denke nach und habe mir heute mindestens 8 Mal zur vollen Stunde die Frage beantwortet: „Worüber habe ich mich in der letzten Stunde gefreut, worauf will ich mich in der nächsten Stunde freuen?"

_____
_____

Ich freue mich darauf, auch morgen wieder meinen Freude-Muskel zu trainieren! Ich bin es mir wert, denn ich ziehe so _____ an.

Datum, Unterschrift: _____

Tag: _____

Ich bin heute dankbar für:

Ich bin eine 2-Euro-Persönlichkeit und habe heute hier das Doppelte gegeben: _____
_____. Dabei habe ich erlebt:

Ich schenke Freude und habe heute _____ eine Freude bereitet. Dabei habe ich erlebt:

Ich denke nach und habe mir heute mindestens 8 Mal zur vollen Stunde die Frage beantwortet: „Worüber habe ich mich in der letzten Stunde gefreut, worauf will ich mich in der nächsten Stunde freuen?"

_____
_____

Ich freue mich darauf, auch morgen wieder meinen Freude-Muskel zu trainieren! Ich bin es mir wert, denn ich ziehe so _____ an.

Datum, Unterschrift: _____

FREUDE TRAINIEREN - ESSEN, WORAUF DU LUST HAS

Tag: _____

Ich bin heute dankbar für:

Ich bin eine 2-Euro-Persönlichkeit und habe heute hier das Doppelte gegeben: _____
_____. Dabei habe ich erlebt:

Ich schenke Freude und habe heute _____ eine Freude bereitet. Dabei habe ich erlebt:

Ich denke nach und habe mir heute mindestens 8 Mal zur vollen Stunde die Frage beantwortet: „Worüber habe ich mich in der letzten Stunde gefreut, worauf will ich mich in der nächsten Stunde freuen?"

_____
_____

Ich freue mich darauf, auch morgen wieder meinen Freude-Muskel zu trainieren! Ich bin es mir wert, denn ich ziehe so _____ an.

Datum, Unterschrift: _____

FREUDE TRAINIEREN - EIS ESSEN

Tag: _____

Ich bin heute dankbar für:

Ich bin eine 2-Euro-Persönlichkeit und habe heute hier das Doppelte gegeben: _____
_____. Dabei habe ich erlebt:

Ich schenke Freude und habe heute _____ eine Freude bereitet.
Dabei habe ich erlebt:

Ich denke nach und habe mir heute mindestens 8 Mal zur vollen Stunde die Frage beantwortet: „Worüber habe ich mich in der letzten Stunde gefreut, worauf will ich mich in der nächsten Stunde freuen?"

_____

_____

Ich freue mich darauf, auch morgen wieder meinen Freude-Muskel zu trainieren! Ich bin es mir wert, denn ich ziehe so _____ an.

Datum, Unterschrift: _____

FREUDE TRAINIEREN - APPLAUDIEREN

Tag: _____

Ich bin heute dankbar für:

Ich bin eine 2-Euro-Persönlichkeit und habe heute hier das Doppelte gegeben: _____
_____. Dabei habe ich erlebt:

Ich schenke Freude und habe heute _____ eine Freude bereitet.
Dabei habe ich erlebt:

Ich denke nach und habe mir heute mindestens 8 Mal zur vollen Stunde die Frage beantwortet: „Worüber habe ich mich in der letzten Stunde gefreut, worauf will ich mich in der nächsten Stunde freuen?"

🕐 🕐 🕐 🕐 🕐 🕐 🕐 🕐

_____

_____

Ich freue mich darauf, auch morgen wieder meinen Freude-Muskel zu trainieren! Ich bin es mir wert, denn ich ziehe so _____ an.

Datum, Unterschrift: _____

FREUDE TRAINIEREN - FOTOGRAFIEREN

Tag: _____

Ich bin heute dankbar für:

Ich bin eine 2-Euro-Persönlichkeit und habe heute hier das Doppelte gegeben: _____
_____. Dabei habe ich erlebt:

Ich schenke Freude und habe heute _____ eine Freude bereitet.
Dabei habe ich erlebt:

Ich denke nach und habe mir heute mindestens 8 Mal zur vollen Stunde die Frage beantwortet: „Worüber habe ich mich in der letzten Stunde gefreut, worauf will ich mich in der nächsten Stunde freuen?"

_____
_____

Ich freue mich darauf, auch morgen wieder meinen Freude-Muskel zu trainieren! Ich bin es mir wert, denn ich ziehe so _____ an.

Datum, Unterschrift: _____

FREUDE TRAINIEREN - HAND REICHEN

Tag: _____

Ich bin heute dankbar für:

Ich bin eine 2-Euro-Persönlichkeit und habe heute hier das Doppelte gegeben: _____
_____. Dabei habe ich erlebt:

Ich schenke Freude und habe heute _____ eine Freude bereitet.
Dabei habe ich erlebt:

Ich denke nach und habe mir heute mindestens 8 Mal zur vollen Stunde die Frage beantwortet: „Worüber habe ich mich in der letzten Stunde gefreut, worauf will ich mich in der nächsten Stunde freuen?"

_____
_____

Ich freue mich darauf, auch morgen wieder meinen Freude-Muskel zu trainieren! Ich bin es mir wert, denn ich ziehe so _____ an.

Datum, Unterschrift: _____

FREUDE TRAINIEREN - AN EINEM STRANG ZIEHEN

Tag: _____

Ich bin heute dankbar für:

Ich bin eine 2-Euro-Persönlichkeit und habe heute hier das Doppelte gegeben: _____
_____. Dabei habe ich erlebt:

Ich schenke Freude und habe heute _____ eine Freude bereitet. Dabei habe ich erlebt:

Ich denke nach und habe mir heute mindestens 8 Mal zur vollen Stunde die Frage beantwortet: „Worüber habe ich mich in der letzten Stunde gefreut, worauf will ich mich in der nächsten Stunde freuen?"

🕛 🕛 🕛 🕛 🕛 🕛 🕛 🕛

_____
_____

Ich freue mich darauf, auch morgen wieder meinen Freude-Muskel zu trainieren! Ich bin es mir wert, denn ich ziehe so _____ an.

Datum, Unterschrift: _____

FREUDE TRAINIEREN - GRATULIEREN

Tag: _____

Ich bin heute dankbar für:

Ich bin eine 2-Euro-Persönlichkeit und habe heute hier das Doppelte gegeben: _____
_____. Dabei habe ich erlebt:

Ich schenke Freude und habe heute _____ eine Freude bereitet. Dabei habe ich erlebt:

Ich denke nach und habe mir heute mindestens 8 Mal zur vollen Stunde die Frage beantwortet: „Worüber habe ich mich in der letzten Stunde gefreut, worauf will ich mich in der nächsten Stunde freuen?"

_____
_____

Ich freue mich darauf, auch morgen wieder meinen Freude-Muskel zu trainieren! Ich bin es mir wert, denn ich ziehe so _____ an.

Datum, Unterschrift: _____

FREUDE TRAINIEREN - LESEN

Tag: _____

Ich bin heute dankbar für:

Ich bin eine 2-Euro-Persönlichkeit und habe heute hier das Doppelte gegeben: _____
_____. Dabei habe ich erlebt:

Ich schenke Freude und habe heute _____ eine Freude bereitet.
Dabei habe ich erlebt:

Ich denke nach und habe mir heute mindestens 8 Mal zur vollen Stunde die Frage beantwortet: „Worüber habe ich mich in der letzten Stunde gefreut, worauf will ich mich in der nächsten Stunde freuen?"

_____
_____

Ich freue mich darauf, auch morgen wieder meinen Freude-Muskel zu trainieren! Ich bin es mir wert, denn ich ziehe so _____ an.

Datum, Unterschrift: _____

FREUDE TRAINIEREN - FREIHEIT SCHENKEN

Tag: _____

Ich bin heute dankbar für:

Ich bin eine 2-Euro-Persönlichkeit und habe heute hier das Doppelte gegeben: _____
_____. Dabei habe ich erlebt:

Ich schenke Freude und habe heute _____ eine Freude bereitet. Dabei habe ich erlebt:

Ich denke nach und habe mir heute mindestens 8 Mal zur vollen Stunde die Frage beantwortet: „Worüber habe ich mich in der letzten Stunde gefreut, worauf will ich mich in der nächsten Stunde freuen?"

_____
_____

Ich freue mich darauf, auch morgen wieder meinen Freude-Muskel zu trainieren! Ich bin es mir wert, denn ich ziehe so _____ an.

Datum, Unterschrift: _____

FREUDE TRAINIEREN - BASTELN

Tag: _____

Ich bin heute dankbar für:

Ich bin eine 2-Euro-Persönlichkeit und habe heute hier das Doppelte gegeben: _____
_____. Dabei habe ich erlebt:

Ich schenke Freude und habe heute _____ eine Freude bereitet.
Dabei habe ich erlebt:

Ich denke nach und habe mir heute mindestens 8 Mal zur vollen Stunde die Frage beantwortet: „Worüber habe ich mich in der letzten Stunde gefreut, worauf will ich mich in der nächsten Stunde freuen?"

_____
_____

Ich freue mich darauf, auch morgen wieder meinen Freude-Muskel zu trainieren! Ich bin es mir wert, denn ich ziehe so _____ an.

Datum, Unterschrift: _____

FREUDE TRAINIEREN - HERZ SCHENKEN

Tag: _____

Ich bin heute dankbar für:

Ich bin eine 2-Euro-Persönlichkeit und habe heute hier das Doppelte gegeben: _____
_____. Dabei habe ich erlebt:

Ich schenke Freude und habe heute _____ eine Freude bereitet. Dabei habe ich erlebt:

Ich denke nach und habe mir heute mindestens 8 Mal zur vollen Stunde die Frage beantwortet: „Worüber habe ich mich in der letzten Stunde gefreut, worauf will ich mich in der nächsten Stunde freuen?"

_____
_____

Ich freue mich darauf, auch morgen wieder meinen Freude-Muskel zu trainieren! Ich bin es mir wert, denn ich ziehe so _____ an.

Datum, Unterschrift: _____

FREUDE TRAINIEREN - FUNKEN SPRÜHEN

Tag: _____

Ich bin heute dankbar für:

Ich bin eine 2-Euro-Persönlichkeit und habe heute hier das Doppelte gegeben: _____
_____. Dabei habe ich erlebt:

Ich schenke Freude und habe heute _____ eine Freude bereitet.
Dabei habe ich erlebt:

Ich denke nach und habe mir heute mindestens 8 Mal zur vollen Stunde die Frage beantwortet: „Worüber habe ich mich in der letzten Stunde gefreut, worauf will ich mich in der nächsten Stunde freuen?"

_____
_____

Ich freue mich darauf, auch morgen wieder meinen Freude-Muskel zu trainieren! Ich bin es mir wert, denn ich ziehe so _____ an.

Datum, Unterschrift: _____

FREUDE TRAINIEREN - HOCH SCHAUKELN

Tag: _____

Ich bin heute dankbar für:

Ich bin eine 2-Euro-Persönlichkeit und habe heute hier das Doppelte gegeben: _____
_____. Dabei habe ich erlebt:

Ich schenke Freude und habe heute _____ eine Freude bereitet.
Dabei habe ich erlebt:

Ich denke nach und habe mir heute mindestens 8 Mal zur vollen Stunde die Frage beantwortet: „Worüber habe ich mich in der letzten Stunde gefreut, worauf will ich mich in der nächsten Stunde freuen?"

_____
_____

Ich freue mich darauf, auch morgen wieder meinen Freude-Muskel zu trainieren! Ich bin es mir wert, denn ich ziehe so _____ an.

Datum, Unterschrift: _____

FREUDE TRAINIEREN - DEN BALL ZUSPIELEN

Tag: _____

Ich bin heute dankbar für:

Ich bin eine 2-Euro-Persönlichkeit und habe heute hier das Doppelte gegeben: _____
_____. Dabei habe ich erlebt:

Ich schenke Freude und habe heute _____ eine Freude bereitet. Dabei habe ich erlebt:

Ich denke nach und habe mir heute mindestens 8 Mal zur vollen Stunde die Frage beantwortet: „Worüber habe ich mich in der letzten Stunde gefreut, worauf will ich mich in der nächsten Stunde freuen?"

_____
_____

Ich freue mich darauf, auch morgen wieder meinen Freude-Muskel zu trainieren! Ich bin es mir wert, denn ich ziehe so _____ an.

Datum, Unterschrift: _____

FREUDE TRAINIEREN - GÖNNEN

Tag: _____

Ich bin heute dankbar für:

Ich bin eine 2-Euro-Persönlichkeit und habe heute hier das Doppelte gegeben: _____
_____. Dabei habe ich erlebt:

Ich schenke Freude und habe heute _____ eine Freude bereitet. Dabei habe ich erlebt:

Ich denke nach und habe mir heute mindestens 8 Mal zur vollen Stunde die Frage beantwortet: „Worüber habe ich mich in der letzten Stunde gefreut, worauf will ich mich in der nächsten Stunde freuen?"

_____
_____

Ich freue mich darauf, auch morgen wieder meinen Freude-Muskel zu trainieren! Ich bin es mir wert, denn ich ziehe so _____ an.

Datum, Unterschrift: _____

FREUDE TRAINIEREN - DURST LÖSCHEN

Tag: _____

Ich bin heute dankbar für:

Ich bin eine 2-Euro-Persönlichkeit und habe heute hier das Doppelte gegeben: _____
_____. Dabei habe ich erlebt:

Ich schenke Freude und habe heute _____ eine Freude bereitet.
Dabei habe ich erlebt:

Ich denke nach und habe mir heute mindestens 8 Mal zur vollen Stunde die Frage beantwortet: „Worüber habe ich mich in der letzten Stunde gefreut, worauf will ich mich in der nächsten Stunde freuen?"

_____
_____

Ich freue mich darauf, auch morgen wieder meinen Freude-Muskel zu trainieren! Ich bin es mir wert, denn ich ziehe so _____ an.

Datum, Unterschrift: _____

Tag: _____

Ich bin heute dankbar für:

Ich bin eine 2-Euro-Persönlichkeit und habe heute hier das Doppelte gegeben: _____
_____. Dabei habe ich erlebt:

Ich schenke Freude und habe heute _____ eine Freude bereitet.
Dabei habe ich erlebt:

Ich denke nach und habe mir heute mindestens 8 Mal zur vollen Stunde die Frage beantwortet: „Worüber habe ich mich in der letzten Stunde gefreut, worauf will ich mich in der nächsten Stunde freuen?"

_____
_____

Ich freue mich darauf, auch morgen wieder meinen Freude-Muskel zu trainieren! Ich bin es mir wert, denn ich ziehe so _____ an.

Datum, Unterschrift: _____

FREUDE TRAINIEREN - BLUMEN PFLEGEN

Tag: _____

Ich bin heute dankbar für:

Ich bin eine 2-Euro-Persönlichkeit und habe heute hier das Doppelte gegeben: _____
_____. Dabei habe ich erlebt:

Ich schenke Freude und habe heute _____ eine Freude bereitet.
Dabei habe ich erlebt:

Ich denke nach und habe mir heute mindestens 8 Mal zur vollen Stunde die Frage beantwortet: „Worüber habe ich mich in der letzten Stunde gefreut, worauf will ich mich in der nächsten Stunde freuen?"

_____
_____

Ich freue mich darauf, auch morgen wieder meinen Freude-Muskel zu trainieren! Ich bin es mir wert, denn ich ziehe so _____ an.

Datum, Unterschrift: _____

Tag: _____

Ich bin heute dankbar für:

Ich bin eine 2-Euro-Persönlichkeit und habe heute hier das Doppelte gegeben: _____
_____. Dabei habe ich erlebt:

Ich schenke Freude und habe heute _____ eine Freude bereitet. Dabei habe ich erlebt:

Ich denke nach und habe mir heute mindestens 8 Mal zur vollen Stunde die Frage beantwortet: „Worüber habe ich mich in der letzten Stunde gefreut, worauf will ich mich in der nächsten Stunde freuen?"

_____
_____

Ich freue mich darauf, auch morgen wieder meinen Freude-Muskel zu trainieren! Ich bin es mir wert, denn ich ziehe so _____ an.

Datum, Unterschrift: _____

FREUDE TRAINIEREN - HERZ ÖFFNEN

Tag: _____

Ich bin heute dankbar für:

Ich bin eine 2-Euro-Persönlichkeit und habe heute hier das Doppelte gegeben: _____
_____. Dabei habe ich erlebt:

Ich schenke Freude und habe heute _____ eine Freude bereitet.
Dabei habe ich erlebt:

Ich denke nach und habe mir heute mindestens 8 Mal zur vollen Stunde die Frage beantwortet: „Worüber habe ich mich in der letzten Stunde gefreut, worauf will ich mich in der nächsten Stunde freuen?"

_____
_____

Ich freue mich darauf, auch morgen wieder meinen Freude-Muskel zu trainieren! Ich bin es mir wert, denn ich ziehe so _____ an.

Datum, Unterschrift: _____

FREUDE TRAINIEREN - IN DIE MITTE SETZEN

Tag: _____

Ich bin heute dankbar für:

Ich bin eine 2-Euro-Persönlichkeit und habe heute hier das Doppelte gegeben: _____
_____. Dabei habe ich erlebt:

Ich schenke Freude und habe heute _____ eine Freude bereitet. Dabei habe ich erlebt:

Ich denke nach und habe mir heute mindestens 8 Mal zur vollen Stunde die Frage beantwortet: „Worüber habe ich mich in der letzten Stunde gefreut, worauf will ich mich in der nächsten Stunde freuen?"

_____
_____

Ich freue mich darauf, auch morgen wieder meinen Freude-Muskel zu trainieren! Ich bin es mir wert, denn ich ziehe so _____ an.

Datum, Unterschrift: _____

FREUDE TRAINIEREN - INS KINO GEHEN

Tag: _____

Ich bin heute dankbar für:

Ich bin eine 2-Euro-Persönlichkeit und habe heute hier das Doppelte gegeben: _____
_____. Dabei habe ich erlebt:

Ich schenke Freude und habe heute _____ eine Freude bereitet.
Dabei habe ich erlebt:

Ich denke nach und habe mir heute mindestens 8 Mal zur vollen Stunde die Frage beantwortet: „Worüber habe ich mich in der letzten Stunde gefreut, worauf will ich mich in der nächsten Stunde freuen?"

_____
_____

Ich freue mich darauf, auch morgen wieder meinen Freude-Muskel zu trainieren! Ich bin es mir wert, denn ich ziehe so _____ an.

Datum, Unterschrift: _____

FREUDE TRAINIEREN - JONGLIEREN

Tag: _____

Ich bin heute dankbar für:

Ich bin eine 2-Euro-Persönlichkeit und habe heute hier das Doppelte gegeben: _____
_____. Dabei habe ich erlebt:

Ich schenke Freude und habe heute _____ eine Freude bereitet.
Dabei habe ich erlebt:

Ich denke nach und habe mir heute mindestens 8 Mal zur vollen Stunde die Frage beantwortet: „Worüber habe ich mich in der letzten Stunde gefreut, worauf will ich mich in der nächsten Stunde freuen?"

_____
_____

Ich freue mich darauf, auch morgen wieder meinen Freude-Muskel zu trainieren! Ich bin es mir wert, denn ich ziehe so _____ an.

Datum, Unterschrift: _____

FREUDE TRAINIEREN - KIND SEIN

Tag: _____

Ich bin heute dankbar für:

Ich bin eine 2-Euro-Persönlichkeit und habe heute hier das Doppelte gegeben: _____
_____. Dabei habe ich erlebt:

Ich schenke Freude und habe heute _____ eine Freude bereitet. Dabei habe ich erlebt:

Ich denke nach und habe mir heute mindestens 8 Mal zur vollen Stunde die Frage beantwortet: „Worüber habe ich mich in der letzten Stunde gefreut, worauf will ich mich in der nächsten Stunde freuen?"

_____

_____

Ich freue mich darauf, auch morgen wieder meinen Freude-Muskel zu trainieren! Ich bin es mir wert, denn ich ziehe so _____ an.

Datum, Unterschrift: _____

FREUDE TRAINIEREN - KISSENSCHLACHT MACHEN

Tag: _____

Ich bin heute dankbar für:

Ich bin eine 2-Euro-Persönlichkeit und habe heute hier das Doppelte gegeben: _____
_____. Dabei habe ich erlebt:

Ich schenke Freude und habe heute _____ eine Freude bereitet. Dabei habe ich erlebt:

Ich denke nach und habe mir heute mindestens 8 Mal zur vollen Stunde die Frage beantwortet: „Worüber habe ich mich in der letzten Stunde gefreut, worauf will ich mich in der nächsten Stunde freuen?"

_____
_____

Ich freue mich darauf, auch morgen wieder meinen Freude-Muskel zu trainieren! Ich bin es mir wert, denn ich ziehe so _____ an.

Datum, Unterschrift: _____

FREUDE TRAINIEREN - KOCHEN

Tag: _____

Ich bin heute dankbar für:

Ich bin eine 2-Euro-Persönlichkeit und habe heute hier das Doppelte gegeben: _____
_____. Dabei habe ich erlebt:

Ich schenke Freude und habe heute _____ eine Freude bereitet.
Dabei habe ich erlebt:

Ich denke nach und habe mir heute mindestens 8 Mal zur vollen Stunde die Frage beantwortet: „Worüber habe ich mich in der letzten Stunde gefreut, worauf will ich mich in der nächsten Stunde freuen?"

_____
_____

Ich freue mich darauf, auch morgen wieder meinen Freude-Muskel zu trainieren! Ich bin es mir wert, denn ich ziehe so _____ an.

Datum, Unterschrift: _____

FREUDE TRAINIEREN - KULTUREN ENTDECKEN

Tag: _____

Ich bin heute dankbar für:

Ich bin eine 2-Euro-Persönlichkeit und habe heute hier das Doppelte gegeben: _____
_____. Dabei habe ich erlebt:

Ich schenke Freude und habe heute _____ eine Freude bereitet.
Dabei habe ich erlebt:

Ich denke nach und habe mir heute mindestens 8 Mal zur vollen Stunde die Frage beantwortet: „Worüber habe ich mich in der letzten Stunde gefreut, worauf will ich mich in der nächsten Stunde freuen?"

_____
_____

Ich freue mich darauf, auch morgen wieder meinen Freude-Muskel zu trainieren! Ich bin es mir wert, denn ich ziehe so _____ an.

Datum, Unterschrift: _____

FREUDE TRAINIEREN - MALEN

Tag: _____

Ich bin heute dankbar für:

Ich bin eine 2-Euro-Persönlichkeit und habe heute hier das Doppelte gegeben: _____
_____. Dabei habe ich erlebt:

Ich schenke Freude und habe heute _____ eine Freude bereitet.
Dabei habe ich erlebt:

Ich denke nach und habe mir heute mindestens 8 Mal zur vollen Stunde die Frage beantwortet: „Worüber habe ich mich in der letzten Stunde gefreut, worauf will ich mich in der nächsten Stunde freuen?"

_____
_____

Ich freue mich darauf, auch morgen wieder meinen Freude-Muskel zu trainieren! Ich bin es mir wert, denn ich ziehe so _____ an.

Datum, Unterschrift: _____

FREUDE TRAINIEREN - KUCHEN ESSEN

Tag: _____

Ich bin heute dankbar für:

Ich bin eine 2-Euro-Persönlichkeit und habe heute hier das Doppelte gegeben: _____
_____. Dabei habe ich erlebt:

Ich schenke Freude und habe heute _____ eine Freude bereitet.
Dabei habe ich erlebt:

Ich denke nach und habe mir heute mindestens 8 Mal zur vollen Stunde die Frage beantwortet: „Worüber habe ich mich in der letzten Stunde gefreut, worauf will ich mich in der nächsten Stunde freuen?"

_____
_____

Ich freue mich darauf, auch morgen wieder meinen Freude-Muskel zu trainieren! Ich bin es mir wert, denn ich ziehe so _____ an.

Datum, Unterschrift: _____

FREUDE TRAINIEREN - KÜSSEN

Tag: _____

Ich bin heute dankbar für:

Ich bin eine 2-Euro-Persönlichkeit und habe heute hier das Doppelte gegeben: _____
_____. Dabei habe ich erlebt:

Ich schenke Freude und habe heute _____ eine Freude bereitet.
Dabei habe ich erlebt:

Ich denke nach und habe mir heute mindestens 8 Mal zur vollen Stunde die Frage beantwortet: „Worüber habe ich mich in der letzten Stunde gefreut, worauf will ich mich in der nächsten Stunde freuen?"

_____

_____

Ich freue mich darauf, auch morgen wieder meinen Freude-Muskel zu trainieren! Ich bin es mir wert, denn ich ziehe so _____ an.

Datum, Unterschrift: _____

Tag: _____

Ich bin heute dankbar für:

Ich bin eine 2-Euro-Persönlichkeit und habe heute hier das Doppelte gegeben: _____
_____. Dabei habe ich erlebt:

Ich schenke Freude und habe heute _____ eine Freude bereitet.
Dabei habe ich erlebt:

Ich denke nach und habe mir heute mindestens 8 Mal zur vollen Stunde die Frage beantwortet: „Worüber habe ich mich in der letzten Stunde gefreut, worauf will ich mich in der nächsten Stunde freuen?"

_____
_____

Ich freue mich darauf, auch morgen wieder meinen Freude-Muskel zu trainieren! Ich bin es mir wert, denn ich ziehe so _____ an.

Datum, Unterschrift: _____

FREUDE TRAINIEREN - LÖSUNGEN FINDEN

Tag: _____

Ich bin heute dankbar für:

Ich bin eine 2-Euro-Persönlichkeit und habe heute hier das Doppelte gegeben: _____
_____. Dabei habe ich erlebt:

Ich schenke Freude und habe heute _____ eine Freude bereitet.
Dabei habe ich erlebt:

Ich denke nach und habe mir heute mindestens 8 Mal zur vollen Stunde die Frage beantwortet: „Worüber habe ich mich in der letzten Stunde gefreut, worauf will ich mich in der nächsten Stunde freuen?"

_____
_____

Ich freue mich darauf, auch morgen wieder meinen Freude-Muskel zu trainieren! Ich bin es mir wert, denn ich ziehe so _____ an.

Datum, Unterschrift: _____

FREUDE TRAINIEREN - ORDNUNG SCHAFFEN

Tag: _____

Ich bin heute dankbar für:

Ich bin eine 2-Euro-Persönlichkeit und habe heute hier das Doppelte gegeben: _____
_____. Dabei habe ich erlebt:

Ich schenke Freude und habe heute _____ eine Freude bereitet.
Dabei habe ich erlebt:

Ich denke nach und habe mir heute mindestens 8 Mal zur vollen Stunde die Frage beantwortet: „Worüber habe ich mich in der letzten Stunde gefreut, worauf will ich mich in der nächsten Stunde freuen?"

_____
_____

Ich freue mich darauf, auch morgen wieder meinen Freude-Muskel zu trainieren! Ich bin es mir wert, denn ich ziehe so _____ an.

Datum, Unterschrift: _____

FREUDE TRAINIEREN - REGIE FÜHREN

Tag: _____

Ich bin heute dankbar für:

Ich bin eine 2-Euro-Persönlichkeit und habe heute hier das Doppelte gegeben: _____
_____. Dabei habe ich erlebt:

Ich schenke Freude und habe heute _____ eine Freude bereitet.
Dabei habe ich erlebt:

Ich denke nach und habe mir heute mindestens 8 Mal zur vollen Stunde die Frage beantwortet: „Worüber habe ich mich in der letzten Stunde gefreut, worauf will ich mich in der nächsten Stunde freuen?"

_____
_____

Ich freue mich darauf, auch morgen wieder meinen Freude-Muskel zu trainieren! Ich bin es mir wert, denn ich ziehe so _____ an.

Datum, Unterschrift: _____

FREUDE TRAINIEREN - RAKETE ZÜNDEN

Tag: _____

Ich bin heute dankbar für:

Ich bin eine 2-Euro-Persönlichkeit und habe heute hier das Doppelte gegeben: _____
_____. Dabei habe ich erlebt:

Ich schenke Freude und habe heute _____ eine Freude bereitet.
Dabei habe ich erlebt:

Ich denke nach und habe mir heute mindestens 8 Mal zur vollen Stunde die Frage beantwortet: „Worüber habe ich mich in der letzten Stunde gefreut, worauf will ich mich in der nächsten Stunde freuen?"

_____
_____

Ich freue mich darauf, auch morgen wieder meinen Freude-Muskel zu trainieren! Ich bin es mir wert, denn ich ziehe so _____ an.

Datum, Unterschrift: _____

FREUDE TRAINIEREN - RECKEN UND STRECKEN

Tag: _____

Ich bin heute dankbar für:

Ich bin eine 2-Euro-Persönlichkeit und habe heute hier das Doppelte gegeben: _____
_____. Dabei habe ich erlebt:

Ich schenke Freude und habe heute _____ eine Freude bereitet. Dabei habe ich erlebt:

Ich denke nach und habe mir heute mindestens 8 Mal zur vollen Stunde die Frage beantwortet: „Worüber habe ich mich in der letzten Stunde gefreut, worauf will ich mich in der nächsten Stunde freuen?"

_____
_____

Ich freue mich darauf, auch morgen wieder meinen Freude-Muskel zu trainieren! Ich bin es mir wert, denn ich ziehe so _____ an.

Datum, Unterschrift: _____

FREUDE TRAINIEREN - PFLEGEN

Tag: _____

Ich bin heute dankbar für:

Ich bin eine 2-Euro-Persönlichkeit und habe heute hier das Doppelte gegeben: _____
_____. Dabei habe ich erlebt:

Ich schenke Freude und habe heute _____ eine Freude bereitet.
Dabei habe ich erlebt:

Ich denke nach und habe mir heute mindestens 8 Mal zur vollen Stunde die Frage beantwortet: „Worüber habe ich mich in der letzten Stunde gefreut, worauf will ich mich in der nächsten Stunde freuen?"

_____

_____

Ich freue mich darauf, auch morgen wieder meinen Freude-Muskel zu trainieren! Ich bin es mir wert, denn ich ziehe so _____ an.

Datum, Unterschrift: _____

FREUDE TRAINIEREN - SCHENKEN

Tag: _____

Ich bin heute dankbar für:

Ich bin eine 2-Euro-Persönlichkeit und habe heute hier das Doppelte gegeben: _____
_____. Dabei habe ich erlebt:

Ich schenke Freude und habe heute _____ eine Freude bereitet. Dabei habe ich erlebt:

Ich denke nach und habe mir heute mindestens 8 Mal zur vollen Stunde die Frage beantwortet: „Worüber habe ich mich in der letzten Stunde gefreut, worauf will ich mich in der nächsten Stunde freuen?"

_____
_____

Ich freue mich darauf, auch morgen wieder meinen Freude-Muskel zu trainieren! Ich bin es mir wert, denn ich ziehe so _____ an.

Datum, Unterschrift: _____

Tag: _____

Ich bin heute dankbar für:

Ich bin eine 2-Euro-Persönlichkeit und habe heute hier das Doppelte gegeben: _____
_____. Dabei habe ich erlebt:

Ich schenke Freude und habe heute _____ eine Freude bereitet.
Dabei habe ich erlebt:

Ich denke nach und habe mir heute mindestens 8 Mal zur vollen Stunde die Frage beantwortet: „Worüber habe ich mich in der letzten Stunde gefreut, worauf will ich mich in der nächsten Stunde freuen?"

_____
_____

Ich freue mich darauf, auch morgen wieder meinen Freude-Muskel zu trainieren! Ich bin es mir wert, denn ich ziehe so _____ an.

Datum, Unterschrift: _____

FREUDE TRAINIEREN - LOS PADDELN

Tag: _____

Ich bin heute dankbar für:

Ich bin eine 2-Euro-Persönlichkeit und habe heute hier das Doppelte gegeben: _____
_____. Dabei habe ich erlebt:

Ich schenke Freude und habe heute _____ eine Freude bereitet.
Dabei habe ich erlebt:

Ich denke nach und habe mir heute mindestens 8 Mal zur vollen Stunde die Frage beantwortet: „Worüber habe ich mich in der letzten Stunde gefreut, worauf will ich mich in der nächsten Stunde freuen?"

_____

_____

Ich freue mich darauf, auch morgen wieder meinen Freude-Muskel zu trainieren! Ich bin es mir wert, denn ich ziehe so _____ an.

Datum, Unterschrift: _____

FREUDE TRAINIEREN - MUSIZIEREN

Tag: _____

Ich bin heute dankbar für:

Ich bin eine 2-Euro-Persönlichkeit und habe heute hier das Doppelte gegeben: _____
_____. Dabei habe ich erlebt:

Ich schenke Freude und habe heute _____ eine Freude bereitet.
Dabei habe ich erlebt:

Ich denke nach und habe mir heute mindestens 8 Mal zur vollen Stunde die Frage beantwortet: „Worüber habe ich mich in der letzten Stunde gefreut, worauf will ich mich in der nächsten Stunde freuen?"

_____
_____

Ich freue mich darauf, auch morgen wieder meinen Freude-Muskel zu trainieren! Ich bin es mir wert, denn ich ziehe so _____ an.

Datum, Unterschrift: _____

FREUDE TRAINIEREN - RUTSCHEN

Tag: _____

Ich bin heute dankbar für:

Ich bin eine 2-Euro-Persönlichkeit und habe heute hier das Doppelte gegeben: _____
_____. Dabei habe ich erlebt:

Ich schenke Freude und habe heute _____ eine Freude bereitet.
Dabei habe ich erlebt:

Ich denke nach und habe mir heute mindestens 8 Mal zur vollen Stunde die Frage beantwortet: „Worüber habe ich mich in der letzten Stunde gefreut, worauf will ich mich in der nächsten Stunde freuen?"

_____
_____

Ich freue mich darauf, auch morgen wieder meinen Freude-Muskel zu trainieren! Ich bin es mir wert, denn ich ziehe so _____ an.

Datum, Unterschrift: _____

FREUDE TRAINIEREN - NEUES LERNEN

Tag: _____

Ich bin heute dankbar für:

Ich bin eine 2-Euro-Persönlichkeit und habe heute hier das Doppelte gegeben: _____
_____. Dabei habe ich erlebt:

Ich schenke Freude und habe heute _____ eine Freude bereitet. Dabei habe ich erlebt:

Ich denke nach und habe mir heute mindestens 8 Mal zur vollen Stunde die Frage beantwortet: „Worüber habe ich mich in der letzten Stunde gefreut, worauf will ich mich in der nächsten Stunde freuen?"

_____
_____

Ich freue mich darauf, auch morgen wieder meinen Freude-Muskel zu trainieren! Ich bin es mir wert, denn ich ziehe so _____ an.

Datum, Unterschrift: _____

Tag: _____

Ich bin heute dankbar für:

Ich bin eine 2-Euro-Persönlichkeit und habe heute hier das Doppelte gegeben: _____
_____. Dabei habe ich erlebt:

Ich schenke Freude und habe heute _____ eine Freude bereitet.
Dabei habe ich erlebt:

Ich denke nach und habe mir heute mindestens 8 Mal zur vollen Stunde die Frage beantwortet: „Worüber habe ich mich in der letzten Stunde gefreut, worauf will ich mich in der nächsten Stunde freuen?"

_____
_____

Ich freue mich darauf, auch morgen wieder meinen Freude-Muskel zu trainieren! Ich bin es mir wert, denn ich ziehe so _____ an.

Datum, Unterschrift: _____

FREUDE TRAINIEREN - SCHÜTZEN

Tag: _____

Ich bin heute dankbar für:

Ich bin eine 2-Euro-Persönlichkeit und habe heute hier das Doppelte gegeben: _____
_____. Dabei habe ich erlebt:

Ich schenke Freude und habe heute _____ eine Freude bereitet.
Dabei habe ich erlebt:

Ich denke nach und habe mir heute mindestens 8 Mal zur vollen Stunde die Frage beantwortet: „Worüber habe ich mich in der letzten Stunde gefreut, worauf will ich mich in der nächsten Stunde freuen?"

_____
_____

Ich freue mich darauf, auch morgen wieder meinen Freude-Muskel zu trainieren! Ich bin es mir wert, denn ich ziehe so _____ an.

Datum, Unterschrift: _____

FREUDE TRAINIEREN - NEUES PROBIEREN

Tag: _____

Ich bin heute dankbar für:

Ich bin eine 2-Euro-Persönlichkeit und habe heute hier das Doppelte gegeben: _____
_____. Dabei habe ich erlebt:

Ich schenke Freude und habe heute _____ eine Freude bereitet. Dabei habe ich erlebt:

Ich denke nach und habe mir heute mindestens 8 Mal zur vollen Stunde die Frage beantwortet: „Worüber habe ich mich in der letzten Stunde gefreut, worauf will ich mich in der nächsten Stunde freuen?"

_____
_____

Ich freue mich darauf, auch morgen wieder meinen Freude-Muskel zu trainieren! Ich bin es mir wert, denn ich ziehe so _____ an.

Datum, Unterschrift: _____

FREUDE TRAINIEREN - RENOVIEREN

Tag: _____

Ich bin heute dankbar für:

Ich bin eine 2-Euro-Persönlichkeit und habe heute hier das Doppelte gegeben: _____
_____. Dabei habe ich erlebt:

Ich schenke Freude und habe heute _____ eine Freude bereitet.
Dabei habe ich erlebt:

Ich denke nach und habe mir heute mindestens 8 Mal zur vollen Stunde die Frage beantwortet: „Worüber habe ich mich in der letzten Stunde gefreut, worauf will ich mich in der nächsten Stunde freuen?"

_____
_____

Ich freue mich darauf, auch morgen wieder meinen Freude-Muskel zu trainieren! Ich bin es mir wert, denn ich ziehe so _____ an.

Datum, Unterschrift: _____

FREUDE TRAINIEREN - WEG HÖREN

Tag: _____

Ich bin heute dankbar für:

Ich bin eine 2-Euro-Persönlichkeit und habe heute hier das Doppelte gegeben: _____
_____. Dabei habe ich erlebt:

Ich schenke Freude und habe heute _____ eine Freude bereitet. Dabei habe ich erlebt:

Ich denke nach und habe mir heute mindestens 8 Mal zur vollen Stunde die Frage beantwortet: „Worüber habe ich mich in der letzten Stunde gefreut, worauf will ich mich in der nächsten Stunde freuen?"

_____
_____

Ich freue mich darauf, auch morgen wieder meinen Freude-Muskel zu trainieren! Ich bin es mir wert, denn ich ziehe so _____ an.

Datum, Unterschrift: _____

Tag: _____

Ich bin heute dankbar für:

Ich bin eine 2-Euro-Persönlichkeit und habe heute hier das Doppelte gegeben: _____
_____. Dabei habe ich erlebt:

Ich schenke Freude und habe heute _____ eine Freude bereitet. Dabei habe ich erlebt:

Ich denke nach und habe mir heute mindestens 8 Mal zur vollen Stunde die Frage beantwortet: „Worüber habe ich mich in der letzten Stunde gefreut, worauf will ich mich in der nächsten Stunde freuen?"

_____
_____

Ich freue mich darauf, auch morgen wieder meinen Freude-Muskel zu trainieren! Ich bin es mir wert, denn ich ziehe so _____ an.

Datum, Unterschrift: _____

FREUDE TRAINIEREN - SCHNEEBALLSCHLACHT

Tag: _____

Ich bin heute dankbar für:

Ich bin eine 2-Euro-Persönlichkeit und habe heute hier das Doppelte gegeben: _____
_____. Dabei habe ich erlebt:

Ich schenke Freude und habe heute _____ eine Freude bereitet. Dabei habe ich erlebt:

Ich denke nach und habe mir heute mindestens 8 Mal zur vollen Stunde die Frage beantwortet: „Worüber habe ich mich in der letzten Stunde gefreut, worauf will ich mich in der nächsten Stunde freuen?"

_____
_____

Ich freue mich darauf, auch morgen wieder meinen Freude-Muskel zu trainieren! Ich bin es mir wert, denn ich ziehe so _____ an.

Datum, Unterschrift: _____

FREUDE TRAINIEREN - SCHREIBEN

Tag: _____

Ich bin heute dankbar für:

Ich bin eine 2-Euro-Persönlichkeit und habe heute hier das Doppelte gegeben: _____
_____. Dabei habe ich erlebt:

Ich schenke Freude und habe heute _____ eine Freude bereitet.
Dabei habe ich erlebt:

Ich denke nach und habe mir heute mindestens 8 Mal zur vollen Stunde die Frage beantwortet: „Worüber habe ich mich in der letzten Stunde gefreut, worauf will ich mich in der nächsten Stunde freuen?"

_____
_____

Ich freue mich darauf, auch morgen wieder meinen Freude-Muskel zu trainieren! Ich bin es mir wert, denn ich ziehe so _____ an.

Datum, Unterschrift: _____

FREUDE TRAINIEREN - SHAKEN

Tag: _____

Ich bin heute dankbar für:

Ich bin eine 2-Euro-Persönlichkeit und habe heute hier das Doppelte gegeben: _____
_____. Dabei habe ich erlebt:

Ich schenke Freude und habe heute _____ eine Freude bereitet.
Dabei habe ich erlebt:

Ich denke nach und habe mir heute mindestens 8 Mal zur vollen Stunde die Frage beantwortet: „Worüber habe ich mich in der letzten Stunde gefreut, worauf will ich mich in der nächsten Stunde freuen?"

_____
_____

Ich freue mich darauf, auch morgen wieder meinen Freude-Muskel zu trainieren! Ich bin es mir wert, denn ich ziehe so _____ an.

Datum, Unterschrift: _____

FREUDE TRAINIEREN - SINGEN

Tag: _____

Ich bin heute dankbar für:

Ich bin eine 2-Euro-Persönlichkeit und habe heute hier das Doppelte gegeben: _____
_____. Dabei habe ich erlebt:

Ich schenke Freude und habe heute _____ eine Freude bereitet.
Dabei habe ich erlebt:

Ich denke nach und habe mir heute mindestens 8 Mal zur vollen Stunde die Frage beantwortet: „Worüber habe ich mich in der letzten Stunde gefreut, worauf will ich mich in der nächsten Stunde freuen?"

_____
_____

Ich freue mich darauf, auch morgen wieder meinen Freude-Muskel zu trainieren! Ich bin es mir wert, denn ich ziehe so _____ an.

Datum, Unterschrift: _____

FREUDE TRAINIEREN - SNACKEN

Tag: _____

Ich bin heute dankbar für:

Ich bin eine 2-Euro-Persönlichkeit und habe heute hier das Doppelte gegeben: _____
_____. Dabei habe ich erlebt:

Ich schenke Freude und habe heute _____ eine Freude bereitet.
Dabei habe ich erlebt:

Ich denke nach und habe mir heute mindestens 8 Mal zur vollen Stunde die Frage beantwortet: „Worüber habe ich mich in der letzten Stunde gefreut, worauf will ich mich in der nächsten Stunde freuen?"

_____
_____

Ich freue mich darauf, auch morgen wieder meinen Freude-Muskel zu trainieren! Ich bin es mir wert, denn ich ziehe so _____ an.

Datum, Unterschrift: _____

FREUDE TRAINIEREN - SPAZIEREN

Tag: _____

Ich bin heute dankbar für:

Ich bin eine 2-Euro-Persönlichkeit und habe heute hier das Doppelte gegeben: _____
_____. Dabei habe ich erlebt:

Ich schenke Freude und habe heute _____ eine Freude bereitet.
Dabei habe ich erlebt:

Ich denke nach und habe mir heute mindestens 8 Mal zur vollen Stunde die Frage beantwortet: „Worüber habe ich mich in der letzten Stunde gefreut, worauf will ich mich in der nächsten Stunde freuen?"

_____

_____

Ich freue mich darauf, auch morgen wieder meinen Freude-Muskel zu trainieren! Ich bin es mir wert, denn ich ziehe so _____ an.

Datum, Unterschrift: _____

FREUDE TRAINIEREN - ZEIT NEHMEN

Tag: _____

Ich bin heute dankbar für:

Ich bin eine 2-Euro-Persönlichkeit und habe heute hier das Doppelte gegeben: _____
_____. Dabei habe ich erlebt:

Ich schenke Freude und habe heute _____ eine Freude bereitet.
Dabei habe ich erlebt:

Ich denke nach und habe mir heute mindestens 8 Mal zur vollen Stunde die Frage beantwortet: „Worüber habe ich mich in der letzten Stunde gefreut, worauf will ich mich in der nächsten Stunde freuen?"

_____
_____

Ich freue mich darauf, auch morgen wieder meinen Freude-Muskel zu trainieren! Ich bin es mir wert, denn ich ziehe so _____ an.

Datum, Unterschrift: _____

FREUDE TRAINIEREN - SPENDEN

Tag: _____

Ich bin heute dankbar für:

Ich bin eine 2-Euro-Persönlichkeit und habe heute hier das Doppelte gegeben: _____
_____. Dabei habe ich erlebt:

Ich schenke Freude und habe heute _____ eine Freude bereitet.
Dabei habe ich erlebt:

Ich denke nach und habe mir heute mindestens 8 Mal zur vollen Stunde die Frage beantwortet: „Worüber habe ich mich in der letzten Stunde gefreut, worauf will ich mich in der nächsten Stunde freuen?"

_____
_____

Ich freue mich darauf, auch morgen wieder meinen Freude-Muskel zu trainieren! Ich bin es mir wert, denn ich ziehe so _____ an.

Datum, Unterschrift: _____

FREUDE TRAINIEREN - SPIELEN

Tag: _____

Ich bin heute dankbar für:

Ich bin eine 2-Euro-Persönlichkeit und habe heute hier das Doppelte gegeben: _____
_____. Dabei habe ich erlebt:

Ich schenke Freude und habe heute _____ eine Freude bereitet.
Dabei habe ich erlebt:

Ich denke nach und habe mir heute mindestens 8 Mal zur vollen Stunde die Frage beantwortet: „Worüber habe ich mich in der letzten Stunde gefreut, worauf will ich mich in der nächsten Stunde freuen?"

_____
_____

Ich freue mich darauf, auch morgen wieder meinen Freude-Muskel zu trainieren! Ich bin es mir wert, denn ich ziehe so _____ an.

Datum, Unterschrift: _____

FREUDE TRAINIEREN - UNTERSTÜTZEN

Tag: _____

Ich bin heute dankbar für:

Ich bin eine 2-Euro-Persönlichkeit und habe heute hier das Doppelte gegeben: _____
_____. Dabei habe ich erlebt:

Ich schenke Freude und habe heute _____ eine Freude bereitet. Dabei habe ich erlebt:

Ich denke nach und habe mir heute mindestens 8 Mal zur vollen Stunde die Frage beantwortet: „Worüber habe ich mich in der letzten Stunde gefreut, worauf will ich mich in der nächsten Stunde freuen?"

_____

_____

Ich freue mich darauf, auch morgen wieder meinen Freude-Muskel zu trainieren! Ich bin es mir wert, denn ich ziehe so _____ an.

Datum, Unterschrift: _____

FREUDE TRAINIEREN - ZUBEISSEN

Tag: _____

Ich bin heute dankbar für:

Ich bin eine 2-Euro-Persönlichkeit und habe heute hier das Doppelte gegeben: _____
_____. Dabei habe ich erlebt:

Ich schenke Freude und habe heute _____ eine Freude bereitet. Dabei habe ich erlebt:

Ich denke nach und habe mir heute mindestens 8 Mal zur vollen Stunde die Frage beantwortet: „Worüber habe ich mich in der letzten Stunde gefreut, worauf will ich mich in der nächsten Stunde freuen?"

_____
_____

Ich freue mich darauf, auch morgen wieder meinen Freude-Muskel zu trainieren! Ich bin es mir wert, denn ich ziehe so _____ an.

Datum, Unterschrift: _____

Tag: _____

Ich bin heute dankbar für:

Ich bin eine 2-Euro-Persönlichkeit und habe heute hier das Doppelte gegeben: _____
_____. Dabei habe ich erlebt:

Ich schenke Freude und habe heute _____ eine Freude bereitet.
Dabei habe ich erlebt:

Ich denke nach und habe mir heute mindestens 8 Mal zur vollen Stunde die Frage beantwortet: „Worüber habe ich mich in der letzten Stunde gefreut, worauf will ich mich in der nächsten Stunde freuen?"

_____
_____

Ich freue mich darauf, auch morgen wieder meinen Freude-Muskel zu trainieren! Ich bin es mir wert, denn ich ziehe so _____ an.

Datum, Unterschrift: _____

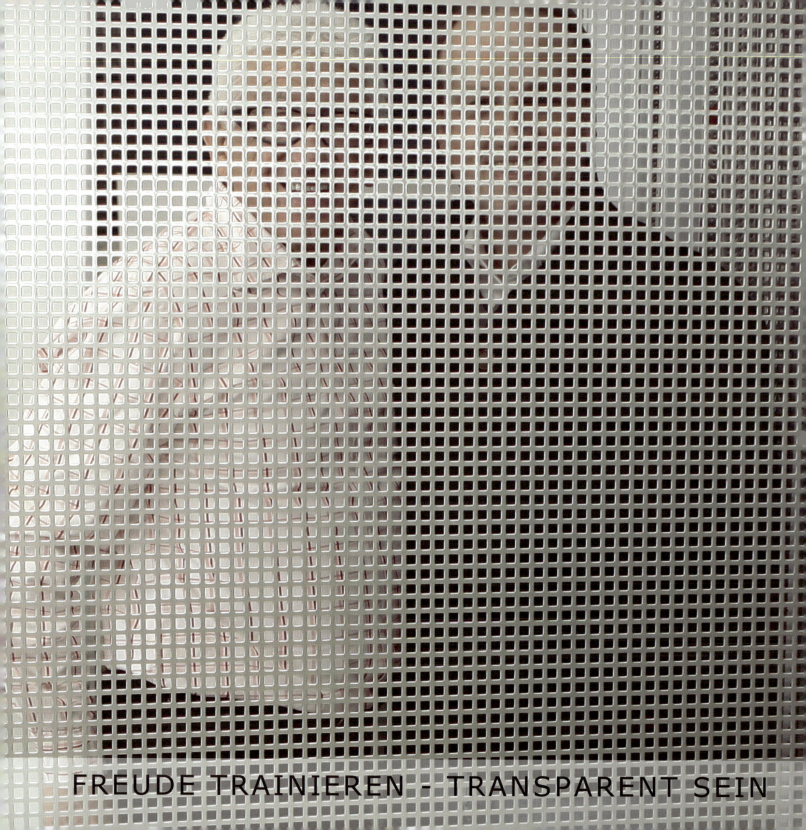

Tag: _____

Ich bin heute dankbar für:

Ich bin eine 2-Euro-Persönlichkeit und habe heute hier das Doppelte gegeben: _____
_____. Dabei habe ich erlebt:

Ich schenke Freude und habe heute _____ eine Freude bereitet. Dabei habe ich erlebt:

Ich denke nach und habe mir heute mindestens 8 Mal zur vollen Stunde die Frage beantwortet: „Worüber habe ich mich in der letzten Stunde gefreut, worauf will ich mich in der nächsten Stunde freuen?"

_____
_____

Ich freue mich darauf, auch morgen wieder meinen Freude-Muskel zu trainieren! Ich bin es mir wert, denn ich ziehe so _____ an.

Datum, Unterschrift: _____

FREUDE TRAINIEREN - ZUG FAHREN

Tag: _____

Ich bin heute dankbar für:

Ich bin eine 2-Euro-Persönlichkeit und habe heute hier das Doppelte gegeben: _____
_____. Dabei habe ich erlebt:

Ich schenke Freude und habe heute _____ eine Freude bereitet.
Dabei habe ich erlebt:

Ich denke nach und habe mir heute mindestens 8 Mal zur vollen Stunde die Frage beantwortet: „Worüber habe ich mich in der letzten Stunde gefreut, worauf will ich mich in der nächsten Stunde freuen?"

_____
_____

Ich freue mich darauf, auch morgen wieder meinen Freude-Muskel zu trainieren! Ich bin es mir wert, denn ich ziehe so _____ an.

Datum, Unterschrift: _____

FREUDE TRAINIEREN - WEITBLICK HABEN

Tag: _____

Ich bin heute dankbar für:

Ich bin eine 2-Euro-Persönlichkeit und habe heute hier das Doppelte gegeben: _____
_____. Dabei habe ich erlebt:

Ich schenke Freude und habe heute _____ eine Freude bereitet.
Dabei habe ich erlebt:

Ich denke nach und habe mir heute mindestens 8 Mal zur vollen Stunde die Frage beantwortet: „Worüber habe ich mich in der letzten Stunde gefreut, worauf will ich mich in der nächsten Stunde freuen?"

_____
_____

Ich freue mich darauf, auch morgen wieder meinen Freude-Muskel zu trainieren! Ich bin es mir wert, denn ich ziehe so _____ an.

Datum, Unterschrift: _____

FREUDE TRAINIEREN - SÜSSES GENIESSEN

Tag: _____

Ich bin heute dankbar für:

Ich bin eine 2-Euro-Persönlichkeit und habe heute hier das Doppelte gegeben: _____
_____. Dabei habe ich erlebt:

Ich schenke Freude und habe heute _____ eine Freude bereitet.
Dabei habe ich erlebt:

Ich denke nach und habe mir heute mindestens 8 Mal zur vollen Stunde die Frage beantwortet: „Worüber habe ich mich in der letzten Stunde gefreut, worauf will ich mich in der nächsten Stunde freuen?"

_____
_____

Ich freue mich darauf, auch morgen wieder meinen Freude-Muskel zu trainieren! Ich bin es mir wert, denn ich ziehe so _____ an.

Datum, Unterschrift: _____

FREUDE TRAINIEREN -TEILEN

Tag: _____

Ich bin heute dankbar für:

Ich bin eine 2-Euro-Persönlichkeit und habe heute hier das Doppelte gegeben: _____
_____. Dabei habe ich erlebt:

Ich schenke Freude und habe heute _____ eine Freude bereitet.
Dabei habe ich erlebt:

Ich denke nach und habe mir heute mindestens 8 Mal zur vollen Stunde die Frage beantwortet: „Worüber habe ich mich in der letzten Stunde gefreut, worauf will ich mich in der nächsten Stunde freuen?"

_____
_____

Ich freue mich darauf, auch morgen wieder meinen Freude-Muskel zu trainieren! Ich bin es mir wert, denn ich ziehe so _____ an.

Datum, Unterschrift: _____

FREUDE TRAINIEREN - SPORT TREIBEN

Tag: _____

Ich bin heute dankbar für:

Ich bin eine 2-Euro-Persönlichkeit und habe heute hier das Doppelte gegeben: _____
_____. Dabei habe ich erlebt:

Ich schenke Freude und habe heute _____ eine Freude bereitet.
Dabei habe ich erlebt:

Ich denke nach und habe mir heute mindestens 8 Mal zur vollen Stunde die Frage beantwortet: „Worüber habe ich mich in der letzten Stunde gefreut, worauf will ich mich in der nächsten Stunde freuen?"

_____

_____

Ich freue mich darauf, auch morgen wieder meinen Freude-Muskel zu trainieren! Ich bin es mir wert, denn ich ziehe so _____ an.

Datum, Unterschrift: _____

FREUDE TRAINIEREN - UNTER EINER DECKE STECKEN

Tag: _____

Ich bin heute dankbar für:

Ich bin eine 2-Euro-Persönlichkeit und habe heute hier das Doppelte gegeben: _____
_____. Dabei habe ich erlebt:

Ich schenke Freude und habe heute _____ eine Freude bereitet.
Dabei habe ich erlebt:

Ich denke nach und habe mir heute mindestens 8 Mal zur vollen Stunde die Frage beantwortet: „Worüber habe ich mich in der letzten Stunde gefreut, worauf will ich mich in der nächsten Stunde freuen?"

_____
_____

Ich freue mich darauf, auch morgen wieder meinen Freude-Muskel zu trainieren! Ich bin es mir wert, denn ich ziehe so _____ an.

Datum, Unterschrift: _____

FREUDE TRAINIEREN - MUSIK HÖREN

Tag: _____

Ich bin heute dankbar für:

Ich bin eine 2-Euro-Persönlichkeit und habe heute hier das Doppelte gegeben: _____
_____. Dabei habe ich erlebt:

Ich schenke Freude und habe heute _____ eine Freude bereitet.
Dabei habe ich erlebt:

Ich denke nach und habe mir heute mindestens 8 Mal zur vollen Stunde die Frage beantwortet: „Worüber habe ich mich in der letzten Stunde gefreut, worauf will ich mich in der nächsten Stunde freuen?"

_____
_____

Ich freue mich darauf, auch morgen wieder meinen Freude-Muskel zu trainieren! Ich bin es mir wert, denn ich ziehe so _____ an.

Datum, Unterschrift: _____

FREUDE TRAINIEREN - UMARMEN

Tag: _____

Ich bin heute dankbar für:

Ich bin eine 2-Euro-Persönlichkeit und habe heute hier das Doppelte gegeben: _____
_____. Dabei habe ich erlebt:

Ich schenke Freude und habe heute _____ eine Freude bereitet.
Dabei habe ich erlebt:

Ich denke nach und habe mir heute mindestens 8 Mal zur vollen Stunde die Frage beantwortet: „Worüber habe ich mich in der letzten Stunde gefreut, worauf will ich mich in der nächsten Stunde freuen?"

_____

_____

Ich freue mich darauf, auch morgen wieder meinen Freude-Muskel zu trainieren! Ich bin es mir wert, denn ich ziehe so _____ an.

Datum, Unterschrift: _____

FREUDE TRAINIEREN - DANKEN

Tag: _____

Ich bin heute dankbar für:

Ich bin eine 2-Euro-Persönlichkeit und habe heute hier das Doppelte gegeben: _____
_____. Dabei habe ich erlebt:

Ich schenke Freude und habe heute _____ eine Freude bereitet. Dabei habe ich erlebt:

Ich denke nach und habe mir heute mindestens 8 Mal zur vollen Stunde die Frage beantwortet: „Worüber habe ich mich in der letzten Stunde gefreut, worauf will ich mich in der nächsten Stunde freuen?"

_____

_____

Ich freue mich darauf, auch morgen wieder meinen Freude-Muskel zu trainieren! Ich bin es mir wert, denn ich ziehe so _____ an.

Datum, Unterschrift: _____

Dein Wunder

Ich habe Dir das Wunder versprochen, nun hast Du Dein Wunder erlebt! Ich freue mich über Dein persönliches Erlebnis! Berichte mir, was in Deinem Leben passiert ist und welches Wunder Du erlebt hast!

Sende mir Deine Erfolgsstory an: info@torstenwill.com.

Ein himmlisches Geschäft

Ein himmlisches Geschäft! Oder vielleicht doch nur ein Traum?
Eine nicht ganz wahre Geschichte.

Vor kurzem erzählte mir ein Freund von einem neuen Supermarkt, einem Giga-Mega-Store, in dem es alles, ja, wirklich alles zu kaufen gibt, das Personal ganz umwerfend sei und die Preise einfach fantastisch. Neugierig machte ich mich also auf den Weg und wollte dieses Shopping-Paradies kennen lernen und mich von den vielen Vorteilen, von denen mein Freund mir vorschwärmte, selber überzeugen.

Schon auf meiner Fahrt dort hin überlegte ich mir, was ich alles so brauchte, und war gespannt auf das viel gelobte Preis-Leistungs-Verhältnis und den umwerfenden Service. Endlich kam ich an, und ich muss zugeben, dass mich die Dimensionen des Gebäudes schwer beeindruckten. In diesem Shopping-Tempel musste es wirklich alles geben. Und nicht nur das Gebäude war von beeindruckender Größe, auch das Parkhaus davor hatte unbekannte Dimensionen.

Freudig schickte ich schnell einen Wunsch nach oben, einen Parkplatz nahe dem Eingang zu finden. Zu meiner Freude wurde dieser Wunsch sofort erfüllt. Denn ich bekam nicht nur einen Parkplatz, nein, mein Auto wurde sogar vom freundlichen Personal entgegengenommen und geparkt. Was für ein Service. Ich war begeistert. So stieg ich nun gleich aus meinem Auto in den Fahrstuhl und sogar hier brauchte ich selber keinen Knopf zu drücken. Der Fahrstuhl wurde von einem weiteren Mitarbeiter bedient, so dass es tatsächlich ohne jede Wartezeit direkt ins Shopping-Land der Träume ging. Nur wenige Etagen höher, und ich betrat den Eingangsbereich zum Giga-Mega-Store.

Wow! Alles war so sauber, das Angebot glänzte und funkelte. Aber das Unglaublichste war das Personal: alles Engel und Elfen. Ich war irritiert, denn hier hätte ich diese zarten Wesen nun am wenigsten erwartet. Freundlich wurde ich persönlich begrüßt, und jeder Engel und jede Elfe wünschte mir einen wunderbaren Einkauf. Ich dankte und wollte mit der Shopping-Tour beginnen, doch, o je, ich hatte wohl das Wichtigste vergessen: einen Einkaufswagen. Schnell ging ich auf einen der Engel zu und fragte, wie und wo ich einen Einkaufswagen finden könne.

Ein himmlisches Geschäft

Die Engel lachten und sagten, dass ich gar keinen brauchte. Ich erwiderte, dass ich doch unmöglich alle Artikel auf dem Arm zur Kasse tragen könne.

Wieder lächelten die Engel zurück und sagten, dass es auch keine Kassen in ihrem Supermarkt gebe. Nun war ich vollends verwirrt. Keine Einkaufswagen, keine Kasse – ja, aber wie sollte ich denn nun einkaufen und bezahlen?

Eine der Elfen nahm mich zur Seite und fragte, ob ich das erste Mal im himmlischen Geschäft einkaufe. Ich bejahte dies, und man bot mir einen Rundgang an, damit ich die Prinzipien verstehen lernte. Gerne nahm ich das liebe Angebot an.

Man erklärte mir: Das Grundprinzip des himmlischen Geschäftes ist es, dass man hier wirklich alles bekommen kann, was man sich nur wünscht. Allerdings – und deshalb braucht man auch keinen Einkaufswagen – sind die Artikel nur als Saatgut zu bekommen. Ich erschrak, wo ich doch von Aussaat und Ernte so gar keine Ahnung hatte.

Der Engel spürte mein Entsetzen und sagte, dass ich mir keine Gedanken machen müsse. Mit jedem Saatgut bekäme ich auch eine ganz genaue Pflegeanleitung. Wenn ich mich an diese einfachen Regeln hielte, würde das Saatgut aufgehen und ich könne sicher ernten. Erleichtert über dieses einfache Prinzip fragte ich, warum es denn keine Kassen gebe. Nun erklärte mir mein Begleiter, dass ich hier nur auf Raten kaufen könne. Da ich das Saatgut zunächst pflegen müsse, seien meine Ressourcen wie Aufmerksamkeit, Dankbarkeit, Freude, Zeit, Engagement, Durchhaltevermögen, Disziplin und Loyalität nötig. Diese seien der tägliche Preis für die Früchte, die ich dann ernten würde.

Da mir dieses Prinzip einleuchtete, erklärte ich, dass ich gerne mit dem Einkauf beginnen würde. Mein Serviceengel erklärte mir aber, dass ich mir vorher einen genauen Plan machen solle, was ich brauche, um am Ende nicht etwas zu vergessen und vielleicht gar nicht genug (vor)bereitet für die Aussaat und anschließende Pflege zu sein. Etwas irritiert fragte ich, wieso, denn wenn ich ein Saatkorn auswähle, möchte ich doch auch in jedem Fall, dass es sich entwickelt. Immerhin habe ich doch ein ernsthaftes Interesse an der Frucht, die ich ernten will. Der Engel rief nach einer Elfe, flüsterte ihr etwas ins Ohr und wies mich an, der Elfe zu folgen.

Ein himmlisches Geschäft

Wir gingen lange Gänge entlang, vorbei an vielen Regalen mit ganz wunderbaren Angeboten, die ich am liebsten alle gerne sofort mitgenommen hätte. Es gab Angebote wie Erfolg, finanzielle Freiheit, Gesundheit, Wohlbefinden, Glück, Partnerschaft, Familie und vieles mehr.

Doch die Elfe ging schnellen Schrittes und signalisierte mir, dass ich unbedingt folgen solle. Sie wolle mir etwas zeigen, was mich interessieren würde. Nach vielen weiteren Schritten standen wir vor einer Tür. Die Elfe sagte mir, ich müsse nun alleine durch diese Türe gehen, da der Zutritt nur für Kunden erlaubt sei. Ich fragte, was mich erwartete, ob ich auch wieder zurück in den Markt käme, um meinen Einkauf zu beginnen.

Die Elfe sagte, dass sie mir das nicht sagen könne, denn die meisten Menschen, die einmal durch diese Türe gegangen seien, habe sie nie wieder gesehen. Sie glaube aber, dass das Wissen, welches hinter der Tür auf mich wartete, wichtig für meinen Einkauf sei. Freundlich verabschiedete sich die Elfe, und ich stand alleine vor der Tür. Unschlüssig überlegte ich, ob ich den Schritt durch diese Tür wirklich wagen oder vielleicht doch nur einfach mit dem Einkauf beginnen solle. Da meine Neugier aber nun doch größer war, fasste ich mir ein Herz und öffnete die Tür – zunächst nur einen Spalt, um einen Blick zu erhaschen auf das, was da laut Elfe für mich so wichtig war. Ich erschrak. Hinter der Tür verbargen sich Hunderte, wenn nicht sogar Tausende von Menschen – Große, Kleine, Dicke, Dünne, Junge, Alte, Kinder und Greise. Sie alle standen in Wartereihen vor kleinen Schaltern, über denen Schilder angebracht waren: Beschwerden & Reklamationen.

Nun verstand ich kein Wort mehr. Was sollte es zu beschweren oder zu reklamieren geben? Das Angebot des himmlischen Geschäfts war wunderbar, der Service fantastisch und die Garantie einzigartig, denn wenn man sich an die Aussaatanleitung hielt, konnte die Ernte nur glücken. Und trotzdem standen so viele Menschen vor den Beschwerdeschaltern. Dahinter kleine freundliche Gestalten, die sich geduldig die einzelnen Beschwerden der Kunden anhörten und jedes Saatgut, welches ihnen zurückgegeben wurde, wieder ohne Diskussion durch neues Saatgut ersetzten. Nun dachte ich mir, dass doch bei solcher Kulanz jeder Kunde begeistert nach Hause gehen könne. Weit gefehlt. Denn selbst jetzt nörgelten und meckerten die Kunden weiter und verabschiedeten sich nur sehr unfreundlich.

Ein himmlisches Geschäft

Ich schaute dem Treiben eine Zeit lang zu und ergriff dann die Gelegenheit, eine der Gestalten hinter den Schaltern zu mir rüber zu bitten, denn ich traute mich wirklich nicht in den Raum, aus lauter Angst, nicht wieder ins himmlische Geschäft zurückkehren zu können.

Die Gestalt kam zu mir herüber und ich sagte, dass ich wirklich nur eine einzige Frage hätte: Warum es so viele Reklamationen und unzufriedene Kunden gebe? Die Gestalt schaute mich ernst an und sagte: „Die meisten sind einfach nicht bereit zu TUN! Erst sagen sie zu jedem Angebot ja, um gierig alles zu besitzen, und dann sind sie nicht einmal bereit, sich ein wenig für ihren Traum, also ihren Acker, einzusetzen oder hören viel zu schnell mit der Aussaat auf. Viele lassen sich anstecken von Meinungen Anderer oder bringen schon nach ihrem Besuch im himmlischen Geschäft alles zurück, da sie sich von Bekannten haben erzählen lassen, dass das Saatgut nichts taugen könne, wenn es so einfach sei, ja jeder alles haben müsste."

Ich verstand. Es war wie im richtigen Leben: Einige tun, andere nicht! Ich stellte mir die Frage, wozu ich gehörte, und begann meinen Einkauf, immer mit der Frage im Kopf: Was will ich wirklich?

Und Du, was willst Du? Und vor allem: Bist Du bereit, dafür das Erforderliche zu tun? Hör auf zu träumen und beginne Deinen Traum zu leben. Trainiere die Freude der Bereitschaft, dafür auch etwas zu tun, Dich dafür zu entwickeln und zu bewegen. Es liegt alleine in Deiner Hand.